bup
BERLIN UNIVERSITY PRESS

Paul Nolte
Religion und Bürgergesellschaft

Brauchen wir einen religionsfreundlichen Staat?

Berlin University Press

Berliner Reden zur Religionspolitik
hg. von Nils Ole Oermann

Paul Nolte
Religion und Bürgergesellschaft
Brauchen wir einen religionsfreundlichen Staat?

Erste Auflage im September 2009
© Berlin University Press 2009
Alle Rechte vorbehalten

Ausstattung und Umschlag
Groothuis, Lohfert, Consorten | glcons.de
Satz und Herstellung
Bernd Krüger, Berlin
Schrift
Borgis Joanna MT
Druck
DruckPartner Rübelmann, Hemsbach
ISBN 978-3-940432-64-3

I. Einführung: Religion und Bürgergesellschaft?

Es gibt kaum ein Thema, das gleichermaßen in Öffentlichkeit, Wissenschaft und Politik während der letzten Jahre so große Bedeutung gewonnen hat wie das der Religion. Heftige Debatten sind entbrannt; wie einst im 19. Jahrhundert ist Religion zu Beginn des 21. Jahrhunderts zum Gegenstand regelrechter »Kulturkämpfe« geworden, die um das Tragen des Kopftuchs durch muslimische Lehrerinnen oder, wie im Frühjahr 2009 in Berlin, um Anspruch und Bedeutung des schulischen Religionsunterrichts geführt werden. Vor nicht allzu langer Zeit hat man die Konflikte des 19. Jahrhunderts, zwischen »liberalem Staat« und »ultramontanem Katholizismus«, als ein Rückzugsgefecht religiöser Restbestände im aufgeklärten Modernisierungsprozess gedeutet. Inzwischen wissen wir, dass diese Zeit nicht einfach von der Lokomotive der Säkularisierung gezogen wurde, sondern eine Hochphase neuer Frömmigkeit, kirchlicher Macht und der Herausbildung vielfältiger religiöser Institutionen war; geradezu ein »zweites konfessionelles Zeitalter«.[1]

Heute besteht die Gefahr erst gar nicht, da allenthalben von einer »Wiederkehr« oder »Renaissance« der Religion die Rede ist und Jürgen Habermas die Formel von der »postsäkularen Gesellschaft« so eindrucksvoll und einflussreich geprägt hat.[2] Ob man von einer »Rückkehr der Religion«[3] gut sprechen könne, wenn sie in Wirklichkeit nie verschwunden war (so die einen) oder der Prozess der Entkirchlichung weiter fortschreite (so die anderen); ob es die säkulare, verweltlichte Gesellschaft jemals gegeben habe, zu der sich unsere Gegenwart als »postsäkular« verhalte – diese und ähnliche Einwände treten zurück hinter der ganz unbestreitbaren Tatsache einer Bedeutung von Religion im öffentlichen Diskurs, die vor zehn oder zwanzig Jahren unvorstellbar gewesen wäre. Das gilt für Deutschland vielleicht noch mehr als für andere europäische Länder, erst recht mehr als für andere Regionen der Welt einschließlich Nordamerikas: Die Überraschung, die Verblüffung darüber, welches Gewicht und welche Durchschlagskraft dieses Thema in kurzer Zeit gewonnen hat, scheint hierzulande besonders groß zu sein.

Ein anderes Stichwort ist uns bereits seit etwas längerer Zeit vertraut: Die Rede von der Bürgergesellschaft hat auf gar nicht einmal unähnliche Weise den Überlappungsraum von Politik, Feuilleton und Wissenschaft geprägt. Für das damalige kommunistische Osteuropa wurde die Bürger- oder Zivilgesellschaft schon seit den 8oer Jahren zum Gegenpol des allmächtigen Staates, zum Signalwort des Anspruchs auf Selbstbestimmung der bürgerlichen Sphäre. Im Westen spielten gleichfalls Bedenken gegenüber einer zunehmenden »Verstaatlichung« sozialer Beziehungen eine Rolle, doch die Attraktivität der Idee der Bürgergesellschaft speiste sich hier mehr noch aus einer anderen Quelle, nämlich aus der Erfahrung einer radikalen Individualisierung, die gemeinschaftliche Bindungskräfte in Familie, Vereinen, Netzwerken auflöste.[4] Freiheit und Selbstverwirklichung des Individuums − aber um welchen Preis? − so wurde immer häufiger gefragt, und der Blick richtete sich (wie in einer Enquete-Kommission des Deutschen Bundestages) auf die moralischen und sozialen Ressourcen, die das ehrenamtliche Engagement zur Verfügung stellt und die offenbar nicht ohne weiteres durch staatliche Leistungen kompensierbar sind. Dass der Bundestag sich für dieses Thema interessierte, bedeutete ja nichts anderes als: dem Staat, jedenfalls einem demokratischen Staat, ist es wichtig, dass seine Bürgerinnen und Bürger sich engagieren; dass sie auch in einem »vorstaatlichen« oder »staatsfreien« Raum miteinander in Beziehung treten, füreinander Leistungen erbringen, die ebenso wenig durch den Markt erbracht, am Markt verrechnet werden können.

Manche Skeptiker sahen darin und in der Forderung nach bürgergesellschaftlicher Erneuerung nur den notdürftig getarnten,»neoliberalen« Solidaritätsentzug für die Schwächeren nach dem Motto »Hilf dir selbst, sonst hilft dir niemand«. Und die Finanz- und Wirtschaftskrise hat die Kontroll- und Regulierungs-, vielleicht auch die Leistungsfunktion des Staates nachdrücklich in Erinnerung gerufen. Die Krise hat aber auch an die Bedeutung moralischer Bindekräfte, an die Notwendigkeit von Verantwortung in sozialen Kontexten erinnert. Die Einsicht, dass moderne Gesellschaften sich nicht nur radikal individualisieren können, sondern auf Bindekräfte zwischen den Individuen angewiesen sind (gerade weil die Individuen nicht alle gleich stark sind), auf die kontinuierliche Fabrikation eines moralischen und sozialen Mehrwerts, wird die gegenwärtige Krise überdauern. Der im Juni 2009 verstorbene große Soziologe Ralf Dahrendorf hat in diesem Sinne von den »Ligaturen«, den Bindungen gesprochen, deren moderne Gesellschaften bedürfen.[5] Der radikalen Individualisierung ergeht es insofern, als einem vermeintlich eindeutigem Erfolgsversprechen der Moderne, nicht anders als der Säkularisierung. Die »postsäkulare« Gesellschaft ist zugleich eine »postindividualistische«.

Damit ist ein erster Zusammenhang zwischen den beiden Begriffen im Titel dieses Buches, Religion und Bürgergesellschaft, angedeutet. Die ein wenig zeitversetzte Konjunktur beider Themen wäre, folgt man dieser Überlegung, kein Zufall. Das neue Interesse an Religion in Europa und Deutschland ist demnach nicht nur, vielleicht nicht einmal in erster Linie, »äußeren« Anstößen wie dem Aufstieg des islamischen Fundamentalismus zu verdanken. »Innereuropäische Transformationen«, so formuliert der Religionssoziologe José Casanova noch relativ zurückhaltend, »tragen zu dem neuen Interesse an Religion bei«.[6] Er denkt dabei in erster Linie an Migration und die daraus folgende Präsenz des Islam in West- und Mitteleuropa; auch an Identitätsfragen, wie sie sich im Streit um den »Gottesbezug« in einer europäischen Verfassung artikulierten. Aber die Überlappungszonen von Religion und moderner Gesellschaft reichen noch tiefer in den Kern der westlichen Gesellschaften hinein. Deren moralische und soziale Substanz ist ohne Religion nur schwer vorstellbar. Religion bildet, als Reflexion auf Transzendenz ebenso wie als religiöse Vergemeinschaftung, eine grundlegende Ressource der Bürgergesellschaft, deren Ausfall nicht ohne weiteres kompensierbar ist, also von anderen Institutionen übernommen werden kann. Das gilt in einer längeren historischen Perspektive, die auf die Zeit seit Aufklärung und vermeintlicher Säkularisierung blickt, also auf die Zeit seit dem 18. Jahrhundert, ebenso wie in der aktuellen Perspektive der letzten zwei oder drei Jahrzehnte, in denen sich die Ursachen der »postsäkularen« und »postindividualistischen« Wende verorten lassen.

Mit anderen Worten: Religion leistet einen wesentlichen Beitrag zur Sicherung, nein zur Konstituierung jener bürgerlichen Gesellschaft, auf die wir nicht verzichten wollen: einer bürgerlichen Gesellschaft, zu der nicht nur die individuelle Autonomie, sondern auch die Hinwendung zum Anderen gehört; einer bürgerlichen Gesellschaft, die nicht nur der politischen Demokratie, sondern auch der ethischen Reflexion bedarf. Natürlich haben moderne Gesellschaften auch andere Institutionen, andere Reflexionsformen und soziale Netzwerke entwickelt, die solche Funktionen erfüllen. Der Sozialismus und das institutionelle Geflecht der Arbeiterbewegung sind das wohl wichtigste Beispiel dafür; davon wird noch die Rede sein. Aber teils ist dabei, gerade auch im Sozialismus, das unmittelbare religiöse Vorbild leicht erkennbar; teils verlieren diese Institutionen in

den letzten Jahrzehnten rapide an Bindekraft – das religiöse
Feld, das selber unbestreitbar von Erosionsprozessen geplagt
wird, steht dann vergleichsweise noch sehr stabil da.

Auf die bürgergesellschaftlichen Funktionen lässt sich
Religion selbstverständlich nicht reduzieren. Sie ist keine
bloße sozialmoralische Zweckagentur. Sonst ließen sich weltliche Ersatzreligionen von Sozialingenieuren planen – auch
das ist ja schon versucht worden. Das Spannungsverhältnis von Jenseits und Diesseits, von Transzendenz und praktischem Handeln, von Glauben und Wissen ist selber unverzichtbar für die spezifischen gesellschaftlichen Leistungen
von Religion. Hier geht es aber nicht um eine theologische
Fragestellung, und der mögliche Vorwurf, das gewissermaßen irreduzibel Religiöse von Religion für den Zweck der
Bürgergesellschaft »einzuspannen«, muss in Kauf genommen werden. Der Vorteil liegt in einem Perspektivenwech-
sel. Anders als in einem Großteil der aktuellen Literatur zum
Thema geht es im folgenden nicht um die Gefahren, die Risiken, die Konflikte, die Religion per se birgt oder erzeugt,
oder die sich mit einer neuen Situation religiöser Pluralisierung in europäischen Gesellschaften verbinden.[7]

Der Ausgangspunkt ist nicht die Frage, wie sich Religion bändigen oder zivilisieren lässt, oder welchen Platz
sie in einem ihr zugewiesenen Segment moderner Gesellschaften (wenn sie sich denn schon nicht radikal der Privatsphäre zuweisen lässt) vergleichsweise harmlos noch
einnehmen kann. Der Ausgangspunkt ist vielmehr die Vermutung, dass Religion auf vielfältige Weise auf die Gesellschaft im ganzen ausstrahlt und damit – sagen wir es pointiert – nützlich für die Bürgergesellschaft ist. Denn als Teil
der neuen Religionsdebatten hat sich auch eine alte Religionskritik neu formiert und teils reflektierte, teils pole-
mische Positionen bezogen, denen oft ein »klassisch« auf-
geklärt-atheistisches Unbehagen an der neuen Prominenz
des Religiösen deutlich anzumerken ist.[8] Ein Teil dieser Kri-

tik, vor allem die zugespitzte Entlarvung des jüdisch-christ-
lich-islamischen Monotheismus als inhärent friedensfeind-
lich und hasserzeugend, hat offenbar eine relativ geringe
Überzeugungskraft, wenn er nicht in dem Bemühen, neue
Religionen der vermeintlich unzweifelhaften Humanität zu
schaffen, sogar lächerlich wirkt.[9] Dem intelligenteren Teil
der neuen Religionskritik wird jedoch, so mein Eindruck,
bisweilen zu defensiv geantwortet. Das heißt nicht, dass die
kritischen Argumente ganz vom Tisch zu bringen wären.
Aber die Antwort kann eben nicht nur lauten: »So schlimm
ist das gar nicht«, oder: »Wir Religiösen wollen uns bemühen, die schädlichen Effekte unseres Denkens und Verhaltens zu begrenzen.« Die Antwort muss in der Rechnung
bestehen, die noch immer zu selten aufgemacht wird: in
der Erkenntnis jenes bürgerschaftlichen Nutzens von Religion, von dem auch die Nicht-Religiösen (in der Sprache
von Jürgen Habermas: die »säkularen Bürger«) immer wieder profitieren.

Die folgenden Überlegungen wollen das Verhältnis von
Religion und Bürgergesellschaft in einigen systematischen
und historischen Strichen skizzieren – mehr nicht. Zunächst
geht es um die Voraussetzungen: Wir blicken (II) auf die
verschiedenen Erscheinungsformen der »Rückkehr der Religionen« (Martin Riesebrodt) und analysieren die neuen
»Möglichkeitsräume« der Religion: Sie haben sich in der
Transformation der westlichen Gesellschaften, ja der globalen Orientierungen seit den 1970er Jahren eröffnet (III).
Die Erzählungen von der Modernisierung als Säkularisierung sind damit immer mehr zweifelhaft geworden (IV).
Welchen Platz kann Religion in der »postsäkularen« Gesellschaft einnehmen, welche Bedingungen muss sie dafür
erfüllen, was bringen »religiöse« und »säkulare« Bürger
in sie ein? Dieser Frage wird, teils in Auseinandersetzung
mit Jürgen Habermas, nachgegangen, um Kriterien für die
bürgergesellschaftliche »Zivilisierung« (Rolf Schieder) von

Religion zu gewinnen (V). Die »Bürgergesellschaft« benötigt eben nicht nur Freiheit und Individualität, Demokratie und Markt, sondern sie bedarf auch der Dahrendorfschen »Ligaturen« – welche Rolle kann Religion dabei spielen (VI)?

Nachdem das argumentative Feld auf diese Weise vorbereitet ist, versucht das folgende Kapitel die verschiedenen Dimensionen der Überlappung von Religion und Bürgergesellschaft in der Moderne zu erfassen (VII). Was genau sind die moralischen und sozialen Ressourcen, die Religion heute generiert? Das Spektrum reicht von den sozialen Netzwerken kirchlicher Gruppen über die vielen Formen materieller und immaterieller Investitionen bis zu dem zivilgesellschaftlichen Konflikt- und Dissenspotential, das ohne Religion gerade in den letzten Jahrzehnten kaum vorstellbar ist; im Osten wie im Westen, in den USA wie in Polen, in der DDR wie in der Bundesrepublik der 80er Jahre. Wenn Religion aber bürgerschaftliche Ressource ist, wie kann und sollte sich dann der Staat zu ihr verhalten, dem als säkularem Staat Religionsneutralität aufgegeben ist, der gleichwohl als demokratischer Staat die Autonomie und die Potentiale der Bürgergesellschaft zu stärken bemüht sein müsste? Der Staat müsste sich dann als ein »religionsfreundlicher Staat« verhalten, wofür in Kapitel VIII vor allem aus politischer und soziologischer Sicht plädiert wird. Das Fazit weist auch auf die Grenzen und Dilemmata der gegenwärtigen bürgerschaftlichen Konjunktur von Religion hin (IX): Bleibt sie, etwa unter Klassengesichtspunkten, auf Eliten und bürgerliche Mittelschichten begrenzt?

Damit sind einige Schwerpunkte und zugleich Grenzen dieses Essays schon angedeutet worden. Es geht nicht um eine allgemeine Bestandsaufnahme dessen, was Religion (möglicherweise) für moderne Gesellschaften leistet – es geht vielmehr nur um das Wechselverhältnis mit der Bürgergesellschaft in dem angerissenen und noch näher auszuführenden Sinne des sozialen und moralischen »Kittes«. Ausgeklammert bleibt also der große Bereich, den man »Kultur und Tradition« nennen könnte: die Bedeutung von Religion für die Traditionsbildung einer Gesellschaft, für kulturelle Identität und kulturelles Gedächtnis; aber auch: in den Hervorbringungen der Kultur wie in religiös inspirierter Dichtung, in Liedern, in sakraler Kunst und Architektur. Darüber könnte man ein eigenes Buch schreiben; und auch hier handelt es sich wohl nicht bloß um einen Kanon aus älteren Zeiten, der allmählich zur Bedeutungslosigkeit verblasst, sondern um einen kulturellen Bestand, der auch weiterhin ergänzt und erneuert wird.

Die Perspektive ist, was das Verhältnis von Religion und Bürgergesellschaft betrifft, grundsätzlich – aber auch sehr eingeschränkt und exemplarisch. Es geht bewusst um moderne westliche Gesellschaften, und die deutsche Situation steht im Mittelpunkt. Damit soll nicht nahegelegt werden, dass westliche Gesellschaften allein in der Lage wären, bürgergesellschaftlichen Honig aus Religion zu saugen – auch islamischen oder ostasiatischen Gesellschaften müssen wir das zutrauen, ja wir müssen es von ihnen erhoffen. Der religiösen Situation in Deutschland und Europa entsprechend, stehen die christlichen Konfessionen im Zentrum, mit einer gewissen Präferenz für das protestantische Beispiel.[10] Bei aller Pluralisierung bleibt die religiöse Landschaft in Deutschland und Europa auf absehbare Zeit durch eine Vormachtstellung des Christentums geprägt, und dies keinesfalls nur in der Wirkung einer historischen Tradition. Die wichtigen jüdischen Potentiale der Bürgergesellschaft sind in Deutschland und von Deutschen zerstört worden.

* * *

Meine eigenen Überlegungen zur gesellschaftlichen Funktion von Religion in modernen Gesellschaften haben sich vor einigen Jahren parallel zum Nachdenken über die Bürgergesellschaft entwickelt.[11] Einladungen zu Vorträgen und Diskussionen gaben immer wieder Anlass, Probleme zu durchdenken und Argumente zu schärfen, u.a. auf dem Ökumenischen Kirchentag in Berlin, im Bremer Dom, in der Alten Synagoge Essen und im Bayerischen Landtag. Mein besonderer Dank gilt Rolf Schieder für die Einladung, eine der ersten »Berliner Reden zur Religionspolitik« am 2. Februar 2006 an der Humboldt-Universität zu Berlin zu halten. Der geringfügig überarbeitete Vortragstext erschien kurz darauf in der Zeitschrift »Vorgänge«.[12] Er diente hier als Grundlage und Ausgangspunkt, doch ist dieses Büchlein fast vollständig neu geschrieben worden, damit sich ein Text »aus einem Guss« präsentiert. Für die Ermunterung, dies noch in Angriff zu nehmen, danke ich Nils Ole Oermann. Die Entscheidung dafür war verlockend, weil die Reihe der im Verlag »Berlin University Press« so schön veröffentlichten »Berliner Reden zur Religionspolitik« inzwischen eindrucksvoll ist – dafür Anerkennung und Dank für die Aufnahme an Gottfried Honnefelder. Manche Stunde im sommerlichen Garten von Meleto war hilfreich, Abstand von den sonst so absorbierenden Alltagsgeschäften der Universität zu finden und die Gedanken zu sortieren. Ich widme dieses Büchlein meinem Vater.

II. Die Rückkehr der Religion. Befunde und Fragen

Über die Rückkehr der Religion, über den Eintritt in eine neue, postsäkulare Epoche ist in den letzten Jahren so viel geschrieben worden, dass man dem kaum etwas Neues hinzufügen kann. Die Indizien sind zahlreich wie die Lage unübersichtlich, ja widersprüchlich erscheint. Von einer mächtigen religiösen Dynamik kann in Deutschland wie in den meisten Teilen Europas nicht die Rede sein – jedenfalls nicht im Sinne neuer und massenhafter Frömmigkeit oder einer Gründungswelle neuer, charismatischer Religionsgemeinschaften. Die Kirchen, besonders die evangelischen, stellen weiterhin schrumpfende Mitgliederzahlen und eine geringe Neigung zum Gottesdienstbesuch als dem Kern religiöser Praxis fest, wenn auch die Rückgänge nicht mehr so dramatisch sind wie in den 70er und 80er Jahren und die Kirchen zu besonderen Anlässen, vor allen zu Weihnachten, teilweise sogar wieder voller werden. »Die Götter mögen also anderswo wiederkehren – um Deutschland machen sie einen großen Bogen«, stellt deshalb Rolf Schieder, auf Friedrich Wilhelm Grafs (anders gemeinten) Buchtitel »Die Wiederkehr der Götter« anspielend, nüchtern fest.[13] Es hat, vorsichtig gesagt, schon dramatischere gesellschaftliche und kulturelle Umbrüche gegeben als die derzeitige Renaissance der Religion in Europa.

Und dennoch hat sich etwas ereignet, für das sich aus ganz unterschiedlichen Feldern eindrucksvolle Belege nennen lassen. Vielleicht am auffälligsten ist die Intensität des neuen Redens über Religion. Man könnte das für ein oberflächliches Phänomen halten, gar für die etwas kultiviertere Variante eines medialen Hypes: der Diskurs nährt sich selbst. Solche Elemente gibt es unbestreitbar, aber schon aus zwei

Gründen geht die Rückkehr der Religion nicht in realitäts-
ferner Rede auf. Erstens ist der Diskurs immer auch ein Teil
der gesellschaftlichen Realität, er konstituiert sie mit, er ist
eine Form der sozialen Praxis oder unmittelbar handlungs-
relevant. Das mag für intellektuelle Debatten weniger zu-
treffen; für die Bedeutung, die Religion als Teil der Politik
gefunden hat, ist diese Wirkung offensichtlich. Die Islam-
konferenz des Bundesinnenministers ist mehr als nur ir-
gendein Roundtable über Religion. Zweitens ist die neue
Intensität des Redens über Religion bemerkenswert, weil
sie zugleich eine neue, jedenfalls für europäische Verhältnisse inzwischen ungewohnte Selbstverständlichkeit dieses
Redens etabliert hat. Religion hat die Schranke des Unaus-
sprechlichen, des in heilige Bezirke einerseits, in strikt private Kommunikation andererseits eingegrenzten Diskurses
gesprengt und ist zum selbstverständlichen Gesprächsge-
genstand geworden – in der Politik ebenso wie auf wissenschaftlichen Konferenzen, in Zeitungsredaktionen ebenso
wie in Veranstaltungen der Volkshochschule. Sie ist im öffentlichen Raum sprechfähig geworden, und diese neue
Öffentlichkeit von Religion zieht sich wie ein roter Faden
durch die Liste der einzelnen Beobachtungen, die man unter dem Stichwort der »Rückkehr der Religion« anlegen
kann.

José Casanova hat diesen Trend frühzeitig erkannt und
eindrucksvoll im internationalen Vergleich analysiert: als
Phänomen der »public religion«, der öffentlichen Religion,
die ihre Rolle außerhalb der Privat- und Sakralsphären moderner Gesellschaften selbstbewusst spielt.[14] Der Wiederein-
tritt von Religion in die öffentliche Sphäre aber bildet eine
grundlegende Voraussetzung nicht nur für die politische
Präsenz von Religion – in welchem Sinne auch immer: de-
mokratiefördernd oder fundamentalistisch, Konflikte trei-
bend oder sie bewältigend. Ohne ihn ist auch die bürgergesellschaftliche Funktion von Religion nicht vorstellbar.

Denn die bürgerliche Gesellschaft beginnt mit der freien Kommunikation – ob ihre Teilnehmer Handel treiben oder räsonnieren, ob sie sich auf dem Markt treffen oder im Salon, ob sie Waren austauschen, intellektuelle Gedanken oder »moralische Gefühle« der Empathie.[15] Damit ist Religion zugleich als ein konstitutiver Bestandteil moderner Gesellschaften (wieder) deutlicher erkennbar geworden, statt als ein Relikt, ein Atavismus, bestenfalls ein situativ nützlicher Traditionsbestand mit begrenzter Haltbarkeit zu erscheinen.

In diesem Lichte lässt sich das Spektrum dessen, was mit einer Renaissance der Religion gemeint sein kann, schlüssig und knapp diskutieren: Nur scheinbar steht der 11. September 2001 im Gegensatz zu dieser Diagnose, als eine Chiffre für (auch) religiös motivierten bzw. legitimierten Radikalismus, der sich als gewaltbereiter islamischer Fundamentalismus in denkbar weitem Abstand zur westlichen Moderne und zu den Prinzipien einer zivilen Gesellschaft befindet. Der Islam ist zum Medium und zur Projektionsfläche eines globalen Kulturkonflikts um die Moderne geworden. Man muss nicht mit Samuel Huntington von einem »clash of civilizations« sprechen und kann doch nüchtern feststellen, dass in einer immer enger vernetzten Welt Kulturen, Lebensstile und Identitäten miteinander konkurrieren und dabei die Vorrangstellung des westlich-amerikanischen Modells in Zweifel gezogen wird. Daran ist die Religion nicht »schuld«, aber sie ist wesentlicher Teil dieses Kulturkonflikts. Nicht der Kampf »Moderne gegen Religion« steht auf dem Spielplan, sondern das Verhältnis von Religion und Moderne wird neu ausgehandelt, nicht zuletzt in der islamisch geprägten Welt Afrikas und Asiens. Damit wird keiner kulturellen oder gar politischen Beliebigkeit das Wort geredet. Die autoritäre Theokratie des Iran kann langfristig keinen Bestand haben. Aber die Ansätze zu einer zweiten iranischen Revolution, dreißig Jahre nach der von 1979, haben zugleich gezeigt, dass auch ein demokratisierter Iran kein

säkularer Staat nach westlichem Muster sein wird. Dabei ist
genau diese so geläufige Formel vom »säkularen westlichen
Staat« in den letzten Jahren mehr und mehr fraglich gewor-
den: angesichts einer Vielfalt von Religionsverfassungen in
Europa und Nordamerika, die keinesfalls durchweg auf dem
Prinzip strikter »Laizität« des Staates (wie im französischen
Modell) beruhen oder (wie in den USA) eine säkulare Staats-
ordnung mit einer zutiefst religiösen Gesellschaft verbinden.

Nicht nur deshalb ist die religiöse Situation am Beginn des 21. Jahrhunderts weniger scharf polarisiert – hier
der christlich geprägte und doch säkular-moderne Westen, dort die vom Fundamentalismus infizierte islamische
Welt mit ihrer Unfähigkeit zu Modernität und Trennung –
als es häufig den Anschein hat. Man kann eher von einem
Spektrum, einer fließenden Skala sprechen, und die Über-
lappungen werden in den nächsten Jahrzehnten vermutlich
noch zunehmen. Dass der Fundamentalismus nicht auf den
Islam beschränkt ist und sich sogar als eine spezifisch moderne Form der religiös-kulturellen Bewegung interpretieren lässt, wissen wir seit langem.[16] Der protestantisch-evan-
gelikale Fundamentalismus in den USA hat seit den 80er
Jahren soziale Dynamik und politischen Einfluss gewonnen,
so dass der Aufstieg von fundamentalistischen religiösen
Strömungen als ein globales Phänomen des späten 20. Jahrhunderts erscheint. Aber gerade aus europäischer Sicht, aus
der Perspektive des vermeintlich aufgeklärt-säkularen Kon-
tinents muss vor dem Fehler gewarnt werden, die religiöse
Dynamik der USA und die charismatischen Formen der
protestantischen Religiosität pauschal als fanatisch, fundamentalistisch, intolerant zu verurteilen.[17] Marcia Pally hat
an die demokratische und progressive Tradition des amerikanischen Evangelikalismus erinnert und aufgezeigt, welche
Rolle evangelikale Christen in den USA auch heute auf der
linken Seite des politischen Spektrums, in der Ökologie-,
Friedens- und Konsumentenbewegung spielen.[18]

Wenn Pally zugespitzt formuliert: »Baptisten und Muslime, vereinigt euch«, so unterstreicht das einen Befund, der fast schon zum Gemeinplatz des neuen Religionsdiskurses geworden ist: Nicht der säkulare Westen geht auf dem Pfad der Moderne voran, auf dem ihm alle anderen Regionen und Religionen der Welt früher oder später folgen müssen. Vielmehr unterscheidet sich die religiöse Landschaft der USA wesentlich von der Europas, und das europäische Muster – wenn man einmal pauschal ein solches konstruieren will – bildet in globaler Hinsicht die Ausnahme, den Sonderweg mit seiner über lange Zeit, jedenfalls den größten Teil des 20. Jahrhunderts, gepflegten Distanz von der öffentlichen Religion, mit seinem Stolz auf gesellschaftliche Säkularität und dem realen Bedeutungsverlust der öffentlichen Religion. Doch auch die europäische religiöse Landschaft ist in Bewegung geraten, wozu die Transformation des ehemals kommunistischen Osteuropa seit 1989 nicht wenig beigetragen hat. In diesem Prozess bildet die allem Anschein nach irreversible Entkirchlichung in Ostdeutschland wiederum so etwas wie einen deutschen Sonderweg. Von einer »religiösen Wiedererweckung in Europa« könne keine Rede sein, so stellt José Casanova fest, »doch mit Sicherheit kann man einen bezeichnenden Umschwung im europäischen Zeitgeist feststellen«.[19]

Dieser Umschwung hängt, natürlich, eng mit der Veränderung der europäischen Gesellschaften durch eine neue Migration zusammen, in deren Gefolge vor allem der Islam seit den 70er Jahren wenn nicht zu einer europäischen Religion, dann auf jeden Fall zu einer Religion in West- und Mitteleuropa geworden ist. »Wieder geworden ist«, nach Jahrhunderten der Verdrängung und Abstinenz, so wird jetzt oft gesagt – aber man sollte die historischen Parallelen auch nicht übertreiben. Erst mit dem mühsamen Eingeständnis, dass es sich um eine dauerhafte Zuwanderung handelt, die zudem nicht ohne weiteres in einer Assimilation in der zweiten oder spätestens dritten Generation wieder verschwand, wurde auch die Tatsache sichtbar, dass die Zuwanderer als Teil einer kulturellen und sozialen Identität auch eine Religion mitbrachten und ausübten. Die erheblichen öffentlichen Debatten und politischen Konflikte, die sich daran in den letzten zehn Jahren entzündet haben, sind bekannt: das Tragen des weiblichen Kopftuchs, der Bau von Moscheen, die Frage eines islamischen Religionsunterrichts. Diese und andere Konflikte verweisen erneut auf den Eintritt von Religion in die öffentliche Sphäre: das Kopftuch der Lehrerin vor der Schulklasse, die Moschee nicht im Hinterzimmer oder im Gewerbegebiet, sondern, den christlichen Kirchen gleich, als repräsentatives Gebäude und sichtbares Zeichen in der städtischen Topographie.

Und wiederum handelt es sich nicht um ein Ärgernis der Religion in einer säkularen Umwelt, um einen vermeintlichen Störfall Islam. Die muslimische Zuwanderung und ihr Anspruch auf öffentliche religiöse Praxis haben vielmehr die europäischen Gesellschaften an ihre eigene Religion erinnert, die sich in den Jahrzehnten zuvor immer mehr in eine stille, in eine vergessene oder verschwiegene Präsenz zurückgezogen hatte: Kopftuch vor der Schulklasse? Ach ja, da hängt ja auch ein Kruzifix. Moschee, gar ein zum Gebet rufender Muezzin? Aber die Glocken läuten ja auch und klingen vielleicht anders, wenn man sie wieder in einem religiösen Kontext hört. So hat die Präsenz des Islam in Europa nicht nur die Herausbildung dessen befördert, was man schnell eine »multireligiöse Gesellschaft« nannte. Sie hat, viel grundlegender, die Existenz einer »religiösen Gesellschaft«, die das Christentum einschließt, wieder bewusst gemacht. Mit anderen Worten, im Lichte der Religion der Anderen ist das individuelle wie das kulturelle Bewusstsein der eigenen Religion gewachsen. In der zunehmenden religiösen Vielfalt hat die eigene Religion etwas von ihrer Selbstverständlichkeit verloren. Nur scheinbar ein Verlust, denn sie ist dadurch unterscheidbarer, und das heißt: erkennbarer und auch öffentlicher geworden.

Dieser Rückkopplungseffekt ist umso wichtiger, als man den gerade benutzten, zur beliebten Formel gewordenen Begriff von der »multireligiösen Gesellschaft« (in Analogie zur »multikulturellen« Gesellschaft) für die meisten europäischen Länder, auch für Deutschland, angesichts der Proportionen vorsichtig verwenden sollte. Zwar hängt die Qualität von kultureller Vielfalt nicht an der Quantität, an der Größe bestimmter Religionsgemeinschaften. Aber es wäre auch falsch zu übersehen, dass das Christentum mit seinen verschiedenen Konfessionen fast überall in Europa weiterhin und auf absehbare Zeit die ganz klar dominierende Religion ist; man könnte in vieler Hinsicht immer noch sagen: die hegemoniale Religion. In Deutschland gehören knapp zwei Drittel der Bevölkerung einer christlichen Religionsgemeinschaft an; neben kleineren Gruppen vor allem der römisch-katholischen Kirche und den evangelischen Landeskirchen. Etwa 4 % bekennen sich zum Islam.[20] Damit – vor allem mit dem hohen Anteil von nicht kirchlich bzw. religiös Gebundenen von fast 30 % – stellt Deutschland bereits, gemeinsam mit Großbritannien und Russland, eine Ausnahme in einem europäischen Feld dar, in dem typischerweise immer noch zwischen 80 und 98 % der Bevölkerung der historisch dominanten, soziokulturell und teilweise auch politisch »hegemonialen« Religion angehören.

Der Trend zur Multireligiosität im Sinne eines bunten Religionsmixes verläuft also sehr langsam. Das ist kein Anlass für christliche Selbstzufriedenheit, geschweige denn Arroganz. Wie umgekehrt in der Türkei oder im Iran mit ihren kleinen christlichen Minderheiten erwächst daraus eine besondere Verantwortung von Staat, Bürgergesellschaft und dominierender Religionskultur. Diese Verantwortung bezieht sich nicht nur auf den Minderheitenschutz, sondern schließt auch einen besonderen Auftrag für die eigene, für die »starke« religiöse Gemeinschaft ein: Wenn man von 66 % der Bevölkerung nicht erwarten kann, dass sie sich engagieren und artikulieren – wie will man es dann von 4 % fordern?

Insofern gehört zu einer kritischen Prüfung der »Rückkehr der Religion« auch die nüchterne Feststellung einer in vieler Hinsicht gar nicht so sehr dramatisch gewandelten, vielmehr relativ stabilen religiösen Landschaft in Deutschland und Europa. Die Rede von der Stabilität dämpft einerseits die mögliche Erwartung einer übersprudelnden religiösen Dynamik. Sie erkennt andererseits an, dass jedenfalls im Westen Deutschlands, in der »alten« Bundesrepublik, Religion weniger durch einen Säkularisierungsprozess erodiert worden ist, als man lange Zeit vermutet hatte. Alle neueren Untersuchungen, u. a. die des »Religionsmonitors« der Bertelsmann-Stiftung, unterstreichen die große religiöse Substanz in einer Vielfalt von Dimensionen, die nicht allein aus Kirchlichkeit und Kirchgang besteht, sondern Erfahrungen und Gefühle, religiöses Interesse und Glaube, private und öffentliche Praxis von Religion einschließt.[21]

Zur relativen Stabilität der religiösen Landschaft in Deutschland gehört aber auch, wie schon angedeutet, der nicht nur deutsche, sondern europäische, ja nahezu globale Sonderfall der in vierzig Jahren SED-Diktatur nicht nur entkirchlichten, sondern auch religionslos gewordenen ostdeutschen Gesellschaft. Nur 15 % der Westdeutschen, aber 68 % der Ostdeutschen gehören keiner Religionsgemeinschaft an. Während in Westdeutschland auch unter den nicht konfessionell Gebundenen Religiosität relativ weit verbreitet ist, liegt in Ostdeutschland der Anteil der Religiösen mit 34 % nur knapp höher als die Kirchenmitgliedschaft bei Protestanten und Katholiken.[22] Bisher sind die Konsequenzen dieser Situation vor allem für die Kirchen selber Gegenstand der Diskussion gewesen: Wie kann das finanzielle Un-

gleichgewicht zwischen westlichen und östlichen Landeskirchen bzw. Diözesen ausgeglichen werden; wie kann das
Netzwerk von Pfarrstellen, Kirchengebäuden und sozialer
Infrastruktur langfristig gesichert werden; was muss man
möglicherweise aufgeben? In unserer Perspektive stellt sich
eine andere Frage: Was bedeutet der Verlust an Religion und
Kirchlichkeit in der ostdeutschen Gesellschaft für die sozialen Infrastrukturen, für die Ressourcen der Bürgergesellschaft zwischen Ostsee und Erzgebirge?

Mit der Erkenntnis, dass sich die Entkirchlichung Ost-
deutschlands nach der Wiedervereinigung nicht wieder
rückgängig machen lässt, hat in den letzten Jahren auch die
Debatte über diese Situation zugenommen. Das zeigt noch
einmal wie im Brennglas gebündelt, dass die neue Aufmerksamkeit für Religion keineswegs mit einer Rückkehr »der«
Religion gleichzusetzen ist, sondern im Gegenteil: Die diskursive Aufmerksamkeit verdankt sich dem praktischen Bedeutungsverlust. Religion wird – und das gilt im weiteren
Sinne eben auch für Westdeutschland – in dem Moment in-
tensiver thematisiert, in dem sie ihre Selbstverständlichkeit
eingebüßt hat. Denn damit entstehen Fragen ganz unterschiedlicher Art: Die Kirchen selber sehen sich vor der Notwendigkeit tief greifender struktureller Reformen, mit denen sie sich auch in einer Ära »nach der Volkskirche« noch
erfolgreich positionieren.[23] Der Staat steht vor der Frage,
wie er mit einer Situation der neuen Differenz seiner Bürger
umgehen soll oder ob sie ihm egal sein muss. Das könnte
man angesichts eines »religionsneutralen« Staates vermu-
ten – aber bei näherem Hinsehen ist das keineswegs der
Fall. Schon die Frage nach dem Religionsunterricht stellt
sich ganz anders, wenn in einer Schulklasse nicht mehr ein
oder zwei von dreißig, sondern die Hälfte oder mehr weder evangelisch noch katholisch sind. Wenn dann ein Schul-
fach »Ethik« eingeführt wird, bedeutet das auch das staatliche Eingeständnis, dass der bisherige Religionsunterricht

eine kulturbildende und moralreflektierende, eine ethische und soziale Funktion gehabt hat, die der Gesellschaft insgesamt zugute gekommen ist und auf die eine Bürgergesellschaft schlecht verzichten kann. Auch die Unterscheidung der Bürgerinnen und Bürger in einen kirchensteuerpflichtigen und einen davon freigestellten Teil wirft neuartige Fragen auf, auf die später noch zurückgekommen wird.

Die Gesellschaft als ganze schließlich muss Alternativen zu jenen sozialen Infrastrukturen finden, die zuvor von den religiösen Leistungsanbietern zur Verfügung gestellt worden sind.

III. Gesellschaftlicher Wandel
und neue Möglichkeitsräume der Religion

Die Ursachen für das vielschichtige, oft in sich widersprüchliche neue Interesse an der Religion sind damit noch nicht abschließend geklärt. In der gegenwärtigen Debatte überwiegt, aus naheliegenden Gründen, der Hinweis auf die »externen« Impulse, die sehr stark verkürzt mit den Stichworten »Islam und Migration« bezeichnet sind. Das scheint mir unzureichend. Die innere religiöse, kulturelle und soziale Dynamik der westlichen Gesellschaften in den letzten Jahrzehnten spielt, so meine These, eine mindestens ebenso wichtige Rolle, in einem »negativen« und in einem »positiven« Sinne. Von dem ersten war bereits die Rede: nämlich der Beobachtung, dass das Bewusstsein für Religion und die gesellschaftliche Reflexion von Religion zunimmt, wenn die Selbstverständlichkeit von Religion erodiert. Insofern könnte man auch sagen, dass die »Rückkehr der Religion« gerade das Indiz für das Überschreiten einer neuen Schwelle im Säkularisierungsprozess ist. Der Kulturkampf um den Religionsunterricht in Berlin im Jahre 2009 lässt sich *auch so* deuten. Aber ein lineares Erosionsmodell ist viel zu einfach, und man wird eher von einem Formwandel sprechen müssen.

Der zweite Aspekt, der »positive« Zusammenhang zwischen Zeitgeschichte und neuer religiöser Dynamik, ist ebenfalls erst in Ansätzen durchdacht und erforscht. Er ist hier von besonderem Interesse, weil er den Nexus von Religion und Bürgergesellschaft unmittelbar betrifft. Seit einiger Zeit nämlich erkennt die Geschichtswissenschaft eine tiefe Zäsur in der Entwicklung der westlichen Gesellschaften in den 1970er Jahren, ja einen deutlichen Einschnitt in der globalen Geschichte. Im kollektiven Gedächtnis der Westdeutschen verdichtet sich dieser Umbruch in der ersten Ölkrise von 1973/74, die schlagartig den Abschied von dem scheinbar unzerstörbaren Wachstumspfad des »Wirtschaftswunders« ins Bewusstsein brachte. Vor dem Hintergrund der noch weithin unbewältigten nationalsozialistischen Vergangenheit hatte sich die Bundesrepublik im Wiederaufbau der 50er und 60er Jahre noch mehr als andere Länder der Mentalität des materiellen Optimismus und einer grenzenlos machbaren Zukunft anvertraut. Krisen und extreme Brüche, wie Deutschland sie in der ersten Hälfte des 20. Jahrhunderts mehrfach erlebt hatte, schienen nun der Vergangenheit anzugehören. Die Wirtschaft glaubte man auf einen Kurs der gleichmäßigen Expansion bringen zu können, wie überhaupt die Zukunft immer mehr durch menschliche Hand steuerbar schien; konkret: durch wissenschaftliche Expertise durchschaubar und daran orientiertes politisches Handeln rational planbar. Damit wuchs auch die Erwartung, der Staat könne seinen Bürgern auf den verschiedensten Feldern der Lebensgestaltung immer mehr bieten: mehr Wohlstand, mehr Sicherheit − nicht zuletzt: ein stetig ansteigendes Maß sozialer Sicherheit und Versorgungsansprüche.[24]

Den Abschied von diesen Wachstumserfahrungen und Zukunftserwartungen verspürten die Deutschen besonders schmerzhaft, aber nicht nur ihr eigenes Wirtschaftswunder ging zu Ende, sondern eine Ära der Weltgeschichte. Ökonomisch gesehen lief eine ungewöhnlich lange Boom- und Hochkonjunkturphase aus, die den westlichen Gesellschaften einen rasanten Zuwachs des Massenwohlstands ermöglicht hatte wie nie zuvor in der Geschichte. Das 20. Jahrhundert war, in der einflussreichen Formel des britischen Historikers Eric Hobsbawm, ein »Zeitalter der Extreme«: nicht nur der ideologisch-politischen Extreme, sondern auch des schroffen Neben- und Nacheinander von Kriegen und Völkermorden einerseits − eines »Zweiten Dreißigjährigen Krieges«

geradezu zwischen 1914 und 1945 –, Frieden, Wohlstand
und Sicherheit zumindest in einigen Teilen der Welt andererseits.[25] In dieser Hinsicht lief die Erfolgsgeschichte des Westens, trotz höherer Energiepreise, steigender Arbeitslosigkeit
und explodierender Staatsschulden, auch über die Krise der
70er Jahre nahezu ungebrochen weiter und erlebte 1989/90
mit dem Zusammenbruch des kommunistischen Gegenmo-
dells sogar einen zusätzlichen Triumph. Aber hinter der Fas-
sade dieser Erfolgsgeschichte zeigte sich immer deutlicher
ein tiefer Kulturbruch, der nicht zuletzt von den Zweifeln
der jüngeren Generationen getragen wurde: Konnte man
noch auf ein Wachstums- und Modernisierungsmodell setzen, dessen Kosten, ja selbstzerstörerische Kräfte erst jetzt
zu Bewusstsein kamen? Ließ sich die Zukunft wirklich so
planend verstetigen, dass die Menschen sich als göttergle-
che Ingenieure ihrer Gesellschaft und ihrer Geschichte fühlen konnten?

In dieser Perspektive ging in den 70er Jahren nicht
nur eine ungewöhnliche Phase wirtschaftlicher Prosperität
von knapp drei Jahrzehnten Dauer zu Ende.[26] Für Historiker und Soziologen geht der Einschnitt viel tiefer. Er been-
dete eine längere Phase, geradezu einen »Aggregatzustand«
moderner Gesellschaften, der sich um die vorletzte Jahr-
hundertwende herausgebildet hatte und jetzt häufig als die
»klassische Moderne« oder »Hochmoderne« bezeichnet
wird.[27] Man könnte von der Phase der »großbetrieblich«
organisierten Moderne sprechen: mit dem Höhepunkt des
Nationalstaates und seiner Macht; mit seiner Tendenz, die
Menschen in großen Verbänden zu organisieren und hinter großen Ideologien zu sammeln. Diese Bindungen – das
begann man nun zu erkennen – versprachen nicht nur Sicherheit durch die Zugehörigkeit zu Kollektiven, sondern
entwickelten gefährliche Kräfte. Das gilt für die Übersteigerung des Nationalstaates, die zumal die Deutschen erlebt
(und begeistert mitgetragen) haben, ebenso wie für die im-

mer wieder gefährlich eindeutige Festlegung der Grenzen von Zugehörigkeit: Wenn die einen dazugehörten, blieben die anderen außen vor oder wurden wegen ihrer vermeintlichen Abweichung, die zum Beispiel als »Rasse« definiert war, sogar verfolgt und vernichtet.

In einem noch weiteren Sinne endete in den 70er und 80er Jahren des 20. Jahrhunderts sogar das zweihundert Jahre alte Zeitalter der Aufklärung. Denn im 18. Jahrhundert hatte sich jenes kulturelle Modell der Zukunftserwartung und gesellschaftlichen Selbststeuerung herausgebildet, das mit seinem Wachstumsoptimismus und seiner Wissenschaftsgläubigkeit den Westen formte und von ihm zum globalen Standardmodell erhoben wurde. Zu diesem kulturellen Modell gehörte häufig auch eine spezifische Überzeugung von der rationalen Optimierbarkeit der »diesseitigen« Welt. Die kommunistische Version von der Schaffung des Paradieses auf Erden war nur eine besonders radikale Variante dieser Weltanschauung, die auch im liberalen Westen weit verbreitet war. Bis heute tun wir uns – Erbe der letzten Jahrhunderte – schwer zu verstehen, dass in der Zukunft nicht alles besser werden muss und die simple Rückkehr zu alten Wachstumsmustern wohl nie mehr gelingen kann.

Warum wird dies alles, so weit ausholend, erklärt? In den letzten Bemerkungen ist bereits angeklungen, dass der Umbruch der 70er Jahre auch das Grundverständnis menschlichen Handelns in der Welt verändert hat – auf eine sehr fundamentale Weise und einschließlich religiöser Dimensionen. Offensichtlich hat die Erschütterung des Vertrauens in menschliche Machbarkeit nicht zu einem neuen Massenansturm auf Gottesdienste und Religionsgemeinschaften geführt. Andererseits haben einige der wichtigsten globalen Phänomene erneuerter sozialer und politischer Religiosität nicht zufällig in dieser Zeit ihren Durchbruch erlebt – von der polnischen Gewerkschafts- und Oppositionsbewegung über den neuen Evangelikalismus der USA bis zum politischen Islam, der in der Iranischen Revolution 1978/79 zum ersten Mal seine Durchschlagskraft bewies.

Die postklassische Moderne mit ihrer Auflösung alter Gewissheiten und Verbindlichkeiten hat sich auf die Verbindlichkeit, auf die »Ligatur« (Dahrendorf) der Religion überhaupt höchst vielschichtig ausgewirkt. Wo tradierte Bindung sich aufgelöst hat und durch Individualität ersetzt wurde, haben darunter auch die Kirchen im Sinne eines Weiterlaufens der klassischen Säkularisierung gelitten. Aufs ganze gesehen aber scheint die kulturelle Wende der letzten Jahrzehnte, scheint die neue mentale Verfassung einer »Risikogesellschaft«[28] eher die möglichen Andockpunkte für ein Interesse an Religion vermehrt zu haben. Von einer »Rückkehr der Religion« müsste man dann nicht so sehr im Sinne neuer Kirchlichkeit oder Frömmigkeit sprechen, sondern im Sinne eines neuen Möglichkeitsraumes für Religion, der sich eröffnet hat, ohne auf herkömmliche Weise mit Religion ausgefüllt zu sein. In welchen Dimensionen hat sich dieser »Möglichkeitsraum«, haben sich diese »Andockpunkte« entfaltet?

Erstens hat die beschleunigte Erosion klassischer, »hochmoderner« Formen der Vergemeinschaftung die Frage nach Kompensation und Alternative aufgeworfen: Was hält eine radikal individualisierte Gesellschaft zusammen? Auf unterschiedliche Weise und auf unterschiedlichen Ebenen haben sich seit den 70er Jahren soziale Verbände aufgelöst, »entstrukturiert« oder stellen jedenfalls nicht mehr den Normalfall sozialer Bindung und Zugehörigkeit dar. Die Wahlmöglichkeiten haben sich vervielfältigt; man spricht von der »Multioptionengesellschaft«. Der eigene Lebenslauf folgt nicht mehr unbedingt vorhersehbaren Bahnen, was Privatleben, berufliche Karriere und räumliche Sesshaftigkeit angeht. Frauen, vor allem mit höherer Bildung, haben eine ganz neue Selbstständigkeit des Lebensentwurfes gewonnen. Heirat mit 28, zwei Kinder, bürgerliche Kleinfamilie – dieses Modell hat sich als soziale Realität, weithin aber auch als soziale Norm aufgelöst, wofür die politisch vermeintlich so konservativen 8oer Jahre in der Bundesrepublik eine entscheidende Schubphase waren.[29]

Die Trend zur Individualisierung hat die Menschen aber nicht nur in neue, mehr verflüssigte[30] private Konstellationen hineingeführt, sondern auch die halböffentlichen und öffentlichen Lebensräume neu strukturiert. Parteien, Gewerkschaften, aber eben auch die christlichen Kirchen, dazu ein bestimmter Typus von Vereinsorganisation: Für sie alle beginnen die Kurven der Mitgliederentwicklung seit den 7oer Jahren nach unten zu weisen, zum Teil in dramatischer Weise. Das gilt besonders für die Organisationen, die historisch zur Arbeiterbewegung gehören. Die Mitgliederzahl der SPD hat sich seitdem halbiert, während das gesamte soziale »Milieu« der sozialdemokratischen Arbeiterschaft, mit seiner Vielfalt der lebensbegleitenden Institutionen vom »Konsum«-Laden über die Wohnungsgenossenschaft bis zum Kleingärtner- oder Sportverein schon seit den 5oer Jahren immer mehr auseinanderfaserte.[31] Die Wiedervereinigung stellte eine weitere Zäsur in diesem Prozess dar, denn in dem »Arbeiter- und Bauernstaat« DDR war dieses Milieu und Lebensmuster ja mit der staatlichen Organisation verschmolzen.[32] Nun ging die Zeit der gesellschaftlich organisierten Lebensführung, mit ihrer Einheit von Arbeit und Freizeit, ihrer Überlappung von Öffentlichem und Privatem, auch hier zugunsten von Individualisierung und Privatisierung zu Ende. Von diesem Prozess ist die Selbstverständlichkeit des sonntäglichen Kirchganges in vieler Hinsicht ganz genauso betroffen wie die selbstverständliche Mitgliedschaft in Partei oder Gewerkschaft, oder in einem früher über Jahrzehnte stabilen Kegelverein. Vergleichsweise sind die Kirchen jedoch in dieser großen Transformation, in deren Gefolge Menschen immer weniger zu langfristigen, insbesondere lebenslangen Bindungen bereit sind, noch glimpflich davongekommen. Kirchliche Jugendgruppen haben sich als überlebensfähiger, wohl auch als erneuerungsfähiger erwiesen als die »Falken«, die früher selbstverständliche Arbeiterjugendorganisation, die man bald kaum mehr dem Namen nach kennen wird.

Wie soll man diesen Verlust traditioneller sozialer Bindungsformen bewerten? Fraglos hat er, und diese Perspektive stand bei der ersten Beschreibung dieses Trends im Vordergrund, Freiheitsspielräume erweitert, Abhängigkeit reduziert, Herrschaftsverhältnisse abgebaut – mit dem dafür weithin üblichen Begriff also: »emanzipierend« gewirkt. Seit einiger Zeit sind jedoch auch die Risiken und möglichen Nachteile mehr ins Bewusstsein getreten. Die Entstehung von neuer Armut, von sozialer »Marginalität«, der Ausschluss aus den Chancen zu gesellschaftlicher Teilhabe etwa gehört zur »anderen Seite der Medaille« von Individualität und Freiheitsgewinn. Das zweite Problem ergibt sich aus der Einsicht, dass soziale Bindungsformen wie die Familie, oder die Gewerkschaft, oder der Kegelverein die Menschen nie nur eingeengt haben. Sie haben vielmehr auch positive Kräfte der sozialen Bindung erzeugt: Sie haben ihre Angehörigen mit »sozialem Kapital« ausgestattet und haben als Agenturen elementarer Solidarität – in Nahbeziehungen, vor jeder staatlichen Intervention – gewirkt.[33] Kann solches soziales Kapital nach dem Ende der »Großgruppengesellschaft« (Ulrich Beck) auch anders generiert werden? Welche Räume stehen dafür zur Verfügung? Wenn die »Großgruppen« der Kirchen und Religionsgemeinschaften sich bisher vergleichsweise gut behauptet haben, kommt man bei einer Antwort auf diese Frage an ihnen nur schwer vorbei.

Zweitens hat der Kulturbruch, der weitreichende Mentalitätswandel in den westlichen Gesellschaften seit den 70er Jahren den »Möglichkeitsraum« der Religion maßgeblich erweitert. Das Ende der Vorstellung von der schier unbegrenzten Machbarkeit der Welt und Lösbarkeit aller Probleme warf neue Fragen nach dem auf, was die Menschen nicht selbst in der Hand haben. Ganz konkret bündelte sich diese Erfahrung in der Formel von den »Grenzen des Wachstums«, die in dem gleichnamigen Bericht des »Club of Rome« von 1972 aufgezeigt wurden. Die Frage nach Möglichkeit und Berechtigung von wirtschaftlichem Wachstum ist seither – inzwischen fast vier Jahrzehnte! – umstritten geblieben. Aber unbestritten hat der Diskurs über die möglichen Grenzen erst in kleineren Gruppen, bald mit breiter gesellschaftlicher Durchschlagskraft die Einstellung nicht nur gegenüber der ökonomischen Modernisierung und quantitativ-materiellen Wohlstandsvermehrung grundlegend verändert. Die Entdeckung der »Umwelt« stellte einen kaum zu überschätzenden Paradigmawechsel dar, weil sie auf das Markieren einer Differenz und damit auf eine Selbstrelativierung des Menschen hinauslief – und möglicherweise ist schon das eine zutiefst religiöse Denkfigur. Dass in der Durchsetzung und politisch-sozialen Organisierung dieser Sichtweise in den 70er und 80er Jahren religiöse und kirchliche Milieus zumal in der Bundesrepublik eine besonders wichtige Rolle spielten, sei hier nur am Rande erwähnt.[34]

Die Kosten des Wachstums, des nicht reflektierten Zehrens von Ressourcen wurden weithin als ein verantwortungsloser Umgang mit der »Schöpfung« interpretiert, jedenfalls mit einem Gut, das nicht in beliebiger moralischer Verfügung des Menschen stehe, weil es ihnen nur für den Moment »anvertraut« sei. Schon in diesen sprachlichen Figuren ist der religiöse »Andockpunkt« (ob man ihn für sich selber explizit in Anspruch nimmt oder nicht) unübersehbar; fast könnte man von einer neuen religiösen Anthropologie sprechen, die sich im Zuge der ökologischen Wende – hier im weitesten Sinne verstanden – entwickelt hat. In anderen Aspekten setzte sich das fort, zum Beispiel in dem häufig beschriebenen »Wertewandel« zu den »post-materiellen« Orientierungen,[35] die sich in den westlichen Gesellschaften am Ende des 20. Jahrhunderts, jedenfalls in bestimmten Bildungs- und Mittelschichtmilieus, zunehmend durchsetzten. Der Verzicht auf materielle Güter und Konsum ließ sich religiös begründen – dabei keineswegs nur christlich; er führte auf Modelle besonderer religiöser Lebensführung des Verzichts und der Askese zurück. Wenn man nicht ganz verzichten wollte, dann wurde der Konsum zumindest ethischen Standards unterworfen – wie in der Bevorzugung »fair gehandelter« Produkte – und damit eine spezifische Gesinnungsethik des Konsumentenverhaltens entworfen, deren religiöse Untertöne gleichfalls ins Auge springen.

Insgesamt bildete sich auf diese Weise ein neuer kultureller Skeptizismus heraus, der auf eine moralische Rechenschaftspflicht menschlichen Handelns in der Welt abhob. Religiöse Legitimationen mussten damit nicht verbunden sein, aber als eine Möglichkeit standen sie seit dem Bruch der 70er Jahre viel mehr als früher im Raum. Der »Wertewandel« hat sich zudem als vielschichtiger erwiesen als zunächst, bis in die 80er Jahre, überwiegend vermutet worden war. Wenn man damals, auch in der öffentlichen Debatte, meistens von einer Verbindung postmaterieller Haltung mit einer Zurückweisung bürgerlicher Leistungswerte (zugespitzt: als sogenannte »Sekundärtugenden«) ausging, hat sich der neue ethische Impuls in den letzten zwei Jahrzehnten eher mit der Suche nach Wertorientierungen verknüpft, die an bürgerliches Leistungs-, aber auch Verantwortungsdenken ausdrücklich anknüpfen. Die Debatte über die sogenannte »neue Bürgerlichkeit« ist oft von einfältiger Oberflächlichkeit bestimmt – die Rückkehr zu einem bestimmten äußeren Stil etwa der klassisch gepflegten Kleidung oder die Rekapitulation von Tischsitten kann damit nicht gemeint sein.

Ihren prinzipiell wichtigen Kern, und ihren bedeutsamen realen sozialen Gehalt, hat die »neue Bürgerlichkeit« jedoch genau an der eben bezeichneten Stelle, an der sich der Anspruch auf eine ethische regulierte Lebensführung im Alltag (z.B. Konsum, Ernährung, Mobilität), das Streben nach Bildung und Leistung und eine altruistische, auf die Verantwortung gegenüber dem Gemeinwesen und dem Schwächeren gerichtete Sozialmoral verknüpfen. Auch diese Konstellation ist erst ein Produkt des skizzierten Umbruchs am Ende des 20. Jahrhunderts, die besonders in Teilen der gebildeten Mittelschichten der westlichen Länder diese hochgradig spezifische, posttraditionale Mischung aus Gesinnungs-, Leistungs- und Verantwortungsethik hervorgebracht hat. Natürlich ist das, so formuliert, eine idealtypische Konstruktion. Aber sie hat ihr sehr reales Substrat zum Beispiel im Bildungssystem, wenn man an den Gründungsboom privater und besonders konfessioneller Schulen aus Elterninitiative denkt. Religion ist auch deshalb häufig ein selbstbewusster Teil der »neuen Bürgerlichkeit« geworden, weil das beschriebene Syndrom aus Bildung, Gesinnung und Verantwortung in ihr einen gemeinsamen Fluchtpunkt, einen Begründungsanker findet.

Drittens hat sich in dem Spannungsfeld von Wissenschaftsdynamik und Wissenschaftsskepsis ein weiterer Möglichkeitsraum von Religion geöffnet. Das Zeitalter der Hochmoderne bis in die 70er Jahre war wie das Zeitalter der Aufklärung vom Glauben an die Wissenschaft bestimmt. Im 20. Jahrhundert neigte man in Demokratien wie in Diktaturen öfter zu der Ansicht, politische und gesellschaftliche Steuerung ließe sich mehr oder weniger unmittelbar aus wissenschaftlicher Erkenntnis ableiten. Für den Kommunismus, der seit Friedrich Engels als »wissenschaftlicher Sozialismus« festgeschrieben war, galt das in besonderer Weise. Aber auch liberale Gesellschaften zweifelten seit den 1920er

Jahren zunehmend an der Fähigkeit des »Volkes«, in immer komplizierter werdenden, nur noch durch Experten zu erschließenden Problemen die Regierung selbst auszuüben. Der große amerikanische Philosoph John Dewey wies schon damals die Neigungen zur Herrschaft durch wissenschaftliche Experten, die als eine Art neue platonische Philosophenkönige fungieren sollten, leidenschaftlich zurück.[36] Und nicht zufällig machte sich der Nationalsozialismus wissenschaftliche Experten zu Diensten, um sein Programm der Bevölkerungs-, Raum- und Rassenpolitik vorzubereiten, durchzuführen und zu legitimieren.[37] Dennoch erreichte die Wissenschafts- und Technikgläubigkeit der Politik auch in den westlichen Demokratien einschließlich der Bundesrepublik in den 60er Jahren noch einmal einen Höhepunkt, und Demokratie schien sich in Expertenherrschaft und Technokratie zu transformieren.

Die Entdeckung der »Grenzen des Wachstums« ging bald darauf mit der Entdeckung von Grenzen der Wissenschaft einher. Im Rückblick gesehen ist es frappierend, wie plötzlich die technisch-wissenschaftlichen Utopien, die noch 1969, zum Zeitpunkt der ersten Mondlandung, unangefochten die Welt zu regieren schienen, zehn Jahre später verschwunden waren. Die Besiedelung des Mars, der »Schnelle Brüter« und der alltägliche Überschallverkehr blieben als Projekte und Torsi zurück. Aber die Dynamik des wissenschaftlich-technischen Fortschritts verlagerte sich damit nur, wie in den 90er Jahren ganz deutlich wurde. Statt Raumfahrt und Atomphysik wurden, neben der Mikroelektronik, Biologie und Medizin zu Innovationstreibern und ließen Projekte denkbar werden wie das Klonen eines Menschen, die schwindelerregender waren als eine Wohnung auf dem Mars. Etwas nüchterner formuliert: Seitdem warfen die Naturwissenschaften Grundfragen der menschlichen Existenz an den Grenzen von Leben und Tod, von Identität und Person auf, die nicht mehr im Stile früherer

Wissenschaftsgläubigkeit und Fortschrittsseligkeit beantwortet werden konnten. Vielmehr verlangten sie nach öffentlicher Reflexion und politischer Regulierung in einem ethischen Kontext, und diese Debatten haben, wie wir alle wissen, die Streitkultur der letzten zehn Jahre ganz maßgeblich bestimmt.

Mit welchen Argumenten, nach welchen \Kriterien sollte hier entschieden werden? Neben den »Lebenswissenschaftlern«, den Biologen und Medizinern selber, spielte die Philosophie eine wichtige Rolle, aber sehr häufig wurden auch religiöse Argumente, Überlegungen, Begründungen geltend gemacht. Das gilt nicht nur für private Abwägungen Einzelner, sondern auch für den öffentlichen Diskurs, sogar für den unmittelbar politischen Handlungsraum: Der Rekurs auf Gott fand dann auch im Deutschen Bundestag statt. Ähnlich wie bei dem vorhin diskutierten Wertewandel ist auch hier festzuhalten, dass Religion nicht zum anti-aufklärerischen Vehikel einer konservativen Wende wurde. Vielmehr führten die schwierigen Abwägungen in Fragen von Leben und Tod auf ein gesellschaftliches Diskursfeld, auf dem religiöse Reflexionen und Argumente, übrigens auch: Glaubensüberzeugungen, Orientierung bieten konnten. Die Religion beanspruchte dabei kein Deutungsmonopol; sie machte ein Angebot – aber sehr viele konkurrierende Angebote standen und stehen offenbar nicht zur Verfügung.

Viertens schließlich deutete sich in dem Kulturbruch der 70er Jahre bereits an, was erst 1989, mit dem Zusammenbruch des sowjetischen Kommunismus, vollendet wurde: Das Zeitalter der großen, der »totalen« politischen Ideologien, das die Zeit der Hochmoderne etwa seit 1900 bestimmt hatte, ging zu Ende. Seit dieser Zeit hatten zunehmend radikalisierte rechte und linke Bewegungen beansprucht, die scheinbar ermüdete, im Zeitalter der technischen Massengesellschaft an ihr Ende kommende liberal-demokratische

Ordnung durch alternative Herrschaftsformen zu ersetzen, die von umfassenden, alle Lebensbereiche regulierenden Ideologien definiert wurden. Diese Ideologien gaben gleichzeitig eine Art säkularisiertes Heilsversprechen für die Zukunft ab, sie versprachen die Erlösung aus vermeintlich unhaltbaren oder dem Untergang geweihten Zuständen der Korruption, der rassischen Verunreinigung der Nation, des kapitalistischen Elends.

Mit dem Untergang des »Dritten Reiches« blieb der sowjetische Ordnungsentwurf, blieb das kommunistische Heilsversprechen die einzige Alternative zur liberalen Demokratie. Seit den 70er Jahren bahnte sich dessen Ende – wie man damals noch nicht wusste, aber aus heutiger Perspektive klar erkennen kann – immer deutlicher an; auch die Volksrepublik China begann ihre marxistisch-maoistische Ideologie unter Deng Xiaoping abzurüsten. Eine neue, »dritte Welle« der Demokratisierung (Samuel Huntington) erfasste die südeuropäische Peripherie mit Griechenland, Portugal und Spanien und setzte sich ein Jahrzehnt später im Ostmitteleuropa fort. Und auch in den westlichen Demokratien löste sich die ideologische Renaissance, die sich mit den Neomarxismus und der dogmatischen politischen Heilsgläubigkeit in manchen Teilen der Studentenbewegung verbunden hatte, in den 70er Jahren schon wieder auf.

Während auf diese Weise das Zeitalter der politischen Ersatzreligionen endete, öffnete sich auch in der Politik ein neuer Möglichkeitsraum für die Religion. Denn die politischen und sozialen Bewegungen seit den 70er Jahren griffen nicht selten auf religiöse Netzwerke und religiöse Legitimation zurück, oder benutzten religiöse Formen wie die des gemeinschaftlichen Gebets für ihre politischen Ziele. Darin ähnelten sich zumal die beiden deutschen Gesellschaften, Bundesrepublik und DDR, in den 80er Jahren im Zeichen von Umwelt- und Friedensbewegung ganz auffallend. Religion wurde zum Medium des Protestes gegen großideologisch abgesicherte Herrschaftssysteme – wie in der DDR – ebenso wie zum Medium eines Protestes in Demokratien, der – wie in der Bundesrepublik – von säkularen Ideologien inzwischen enttäuscht war. Wiederum bedeutete das keine religiöse Okkupation der Politik, sondern die Religion stellte eine Andockstelle bereit, um politischen Protest in der Bürgergesellschaft wirkungsvoll artikulieren zu können.

Überblickt man diese Veränderungen, dann wird klar, dass die Rückkehr der Religion auch in Europa nicht einfach ein Sekundärreflex islamistischer Politik oder muslimischer Immigration ist, auch nicht ein Oberflächenphänomen im Gefolge einer Papstwahl. Vielmehr hat der tiefgreifende gesellschaftliche und kulturelle Wandel in den westlichen Gesellschaften während der letzten Jahrzehnte neue Möglichkeitsräume für die Präsenz von Religion eröffnet. Präsenz, das heißt nicht zuletzt, wie auf allen vier Feldern erkennbar ist: Präsenz in der Öffentlichkeit. Ob individuelle Religiosität, zum Beispiel als Frömmigkeit, in Westeuropa seit den 70er Jahren zugenommen hat, ist – anders als für die USA! – sehr zweifelhaft. Unstrittig aber ist der öffentliche Bedeutungsgewinn von Religion, der sich wiederum in verschiedenen Aspekten betrachten lässt. Einer der auffälligsten ist die Bedeutung, welche das Thema der Religion, religiöse Argumente und die theologische Reflexion in der öffentlichen Sphäre, im allgemeinen – nicht fachspezifischen, nicht bloß kircheninternen – Diskurs gewonnen hat. In Deutschland tritt dieser Trend vielleicht sogar klarer als anderswo hervor. Theologen, lange Zeit eine nahezu vergessene Spezies im Kreise von Philosophen-, Historiker- oder Soziologen-Intellektuellen, sind zu diesen Fachvertretern ganz selbstverständlich und allgemein akzeptiert hinzugetreten, sie operieren – wie Friedrich Wilhelm Graf, Wolfgang Huber oder Reinhard Marx, um von Joseph Ratzinger nicht zu reden – als Vordenker und Stichwortgeber für die großen Debatten um gesellschaftliche Probleme und kulturelle Orientierung.

Aber nicht nur sind Theologen wieder als Intellektuelle präsent; auch Wissenschaftler und Intellektuelle mit einer anderen fachlichen Herkunft nehmen sich auffällig gerne eines Themas an, für das sie bis weit in die 90er Jahre wohl bestenfalls stilles Kopfschütteln geerntet hätten. Das intellektuelle Leitorgan »Merkur« hatte, wie so oft, einen guten Riecher, als es bereits 1999 sein jährliches Themen-Doppelheft überschrieb »Nach Gott fragen. Über das Religiöse«.[38] Wenig später begannen Intellektuelle wie Jürgen Habermas oder Hans Joas, Religion vermehrt zu reflektieren. Dass diese neue religiöse »Musikalität« im intellektuellen Milieu damit auch das linksliberale Spektrum einschloss, das in der bundesdeutschen Geistesgeschichte auf seine Säkularität viel Wert gelegt hatte, ist dabei besonders signifikant. Denn im konservativen Umfeld hatten Intellektuelle wie Hermann Lübbe schon seit den 80er Jahren immer wieder auf Religion als eine Ressource der Tradition hingewiesen, die den von Veränderung und Beschleunigung geplagten Menschen Kompensation im Modernisierungsprozess bieten sollte, ähnlich wie die Besinnung auf die Geschichte.[39] Jetzt aber begann Religion eine intellektuelle Brisanz neu zu entfalten, die über die Vergewisserung der Individuen in ihren Traditionen hinausging. Sie zielte auf kreative Potentiale der ethischen Reflexion und des gemeinschaftlichen Handelns in der Bürgergesellschaft.

IV. Was heißt hier Säkularisierung?

Die neue Brisanz der Religion ist nicht zuerst deshalb irritierend, weil man sie für einen Störfall oder Konfliktherd halten könnte, der die Rationalität oder die Harmonie moderner Gesellschaften durcheinanderzubringen droht. Diese Befürchtungen gibt es *auch*, aber vermutlich sind sie eher auf dem Rückzug. Vielmehr produziert die »Rückkehr der Religion« eine kulturelle Irritation, weil sie tief verwurzelten Annahmen über den Verlauf der Geschichte und die Richtung moderner Gesellschaften widerspricht. Die Unterstellung eines immer weiter fortschreitenden Bedeutungsverlustes der Religion hat in unterschiedlichen Varianten die großen Erzählungen des westlichen Modernisierungsprozesses geprägt. Die Welt verliert ihre religiöse Prägung, sie wird »entzaubert«; Kultur, Gesellschaft und Persönlichkeit erfahren einen unwiderruflichen Prozess der »Säkularisierung«. Die Säkularisierung erschien in diesem Bild als ein Zwilling, als ein konstitutiver Bestandteil der Modernisierung, ganz so wie der Weg in die Moderne während der letzten dreihundert Jahre nicht ohne den Übergang von der Agrar- in die Industriegesellschaft, von der ständischen Monarchie in die Massendemokratie oder ohne den Aufstieg einer rationalen Wissenschaft denkbar war. Religion erschien als ein Traditionsbestand, ein Überhang der alten Welt, der zwar noch von Generation zu Generation weitergegeben wurde und einstweilen auf die Beharrungskraft jahrtausendealter Institutionen setzen konnte, aber dabei doch immer mehr von seiner Kraft einbüßte. Im Prozess der Aufklärung ersetzte Vernunft den Glauben, und die Wissenschaft schien dem Fundament der Religion endgültig den Garaus zu machen, von

Galilei über Darwin bis in die Kosmologie des 20. Jahrhunderts.

Die Zweifel an einer solchen Sichtweise sind nicht erst in den letzten Jahren entstanden, sondern führen im Grunde bis in die Etablierung einer modernen Religionssoziologie in den 1960er und 70er Jahren zurück, die oft auf komplizierte Weise zugleich Säkularisierungstheorie und Säkularisierungskritik gewesen ist.[40] Dennoch hat das Theorem der Säkularisierung seine wissenschaftliche, vor allem aber seine alltagsweltliche Prägekraft immer noch nicht verloren. Nicht zufällig beginnt José Casanova sein jüngstes Buch mit einer vehementen Kritik an einer klassischen Version der Säkularisierungstheorie, an der »Basiserzählung der modernen Trennung von Religion und Politik«, in der die Befreiung des Staates von der Vormacht der Religion die Bedingung für eine politische Befriedung gewesen sei.[41] Unbestreitbar stellt das Fortwirken solcher Geschichtsdeutungen ein Hindernis für ein realistisches Urteil über Formwandel und kulturelle Bedeutung der Religion dar, auch in den politischen Auseinandersetzungen, in denen die vermeintliche Erfahrung einer heilsamen Reinigung von Religion seit der Aufklärung als Argument für antireligiöse Kulturkämpfe verwendet wird. Aber an einer Auseinandersetzung mit Theorien der Säkularisierung führt dennoch kein Weg vorbei: Auch wenn ihre Absolutheit und ihre Einbettung in eine eindimensionale Erzählung der Moderne heute Zweifel wecken, beschreiben sie fraglos zentrale Elemente eines Formwandels von Religion, der sich über manche Strecken − wer wollte das bestreiten − als Bedeutungsverlust, auch als Emanzipation anderer gesellschaftlicher Teilbereiche von Religion beschreiben lässt.

In diesem Sinne einer Ausdifferenzierung verschiedener Teilsysteme, die jeweils nur noch für sich selber zuständig sind, beschreibt Niklas Luhmanns Systemtheorie die Gesellschaft und in ihr die Religion.[42] Die Säkularisierung ist dabei ein Vorgang, den Luhmann als die »gesellschaftsstrukturelle Relevanz der Privatisierung religiösen Entscheidens« definiert.[43] Die Entscheidung für Religion kann nicht mehr kollektiv oder politisch verbindlich vorgegeben werden, weil damit Gleichheit und Inklusion in der funktional differenzierten Gesellschaft gefährdet wären. Der Glaube wird zur Privatsache – mit Rückwirkungen nicht nur auf die Gesellschaft, sondern auch auf die Religion. Sie rutscht in den Bereich der privaten Lebensgestaltung, der Freizeit und konkurriert dort, oft vergeblich, gegen andere Angebote: Man geht sonntags zum Fußball statt in die Kirche. Auch wenn Luhmann warnt, damit sei kein »Funktionsverlust oder auch nur ein Bedeutungsverlust der Religion schlechthin postuliert«, ist seine Diagnose intuitiv einleuchtend: Religion muss gar nicht »absterben«; es reicht, wenn sie zur vollkommenen Privatsache wird, damit sie ihre gesellschaftsprägende Kraft verliert.

Doch ist es gerade die These von der Privatisierung der Religion, die angesichts des neuen Aufschwungs der »public religion« viel von ihrer Überzeugungskraft verloren hat. Dass Religion nicht mehr kollektiv verbindlich gemacht werden kann, verbannt sie offenbar noch lange nicht in die Intimsphäre oder in die hedonistische Freizeitkultur. Auch ist die Unterstellung einer rationalen, individualisierten »Entscheidung« für oder gegen den Glauben wirklichkeitsfremd. Menschen handeln (nicht nur was Religion betrifft) in kulturellen Bezügen und Traditionen. Selbst wenn es eine utilitaristische Entscheidung für oder gegen Religion gäbe, wird das System der Religion damit noch nicht zur Privatsache. Und offensichtlich verschwindet die Religion nicht in einem abgekapselten, funktional und sozial separierten Raum, von dem aus sie mit anderen Subsystemen nicht mehr kommunizieren kann. Die Säkularisierung hat religiöses Bekenntnis und religiöse Praxis individualisiert, aber keineswegs aus der Öffentlichkeit in die Privatheit verdrängt.

Der andere große Strang der Säkularisierungstheorie bezieht sich nicht allgemein auf die Ausgliederung und Marginalisierung von Religion, sondern spezieller und doch fundamental auf das Ausscheiden der Religion aus der Sphäre der politischen Herrschaft in der europäischen Geschichte – also die Trennung von Kirche und Staat. Im Christentum lässt sich diese Idee auch auf biblische Aussagen zurückführen oder in der komplizierten Wirkungsgeschichte von Luthers »Zwei-Reiche-Lehre«, der Unterscheidung zwischen dem Reich Gottes und dem Reich der Welt, verfolgen. In historischer Perspektive gilt zumeist der Investiturstreit des 11. Jahrhunderts als Signal für die fortschreitende Ausdifferenzierung von weltlicher und geistlicher Macht, die sich im Aufstieg des neuzeitlichen Staates im Gefolge von Reformation und Konfessionalisierung endgültig etabliert habe. Wie in der Staatstheorie von Thomas Hobbes exemplarisch vorgeführt, erhebt sich der moderne, säkulare Staat als neutrale und friedenstiftende Instanz über den sich zerfleischenden Religionsparteien mit ihren jeweils absoluten Herrschaftsansprüchen. Dieses Erklärungsmodell scheint angesichts der neuen »Religionskriege« im globalen Maßstab seit dem späten 20. Jahrhundert wieder besonders aktuell und attraktiv: Wenn Religion sogar gewaltsame Konflikte produziert, muss der Staat ihre Geltungsansprüche neutralisieren und – hier berührt sich dieses Modell mit der »Privatisierungs-Erzählung« der Säkularisierung – radikal in die Privatsphäre verweisen.

Tatsächlich ist aber schon die realgeschichtliche Entwicklung vielschichtiger gewesen. Der säkulare Leviathan blieb weithin eine Fiktion. Gerade in England erhob der Ausgang der Religions- und Ständekämpfe des 17. Jahrhunderts die anglikanische Kirche zur »etablierten«, mit Monarchie und Staatsordnung (bis heute) auf das engste verflochtenen Religion. In Mitteleuropa schrieb die konfessionelle Spaltung erst recht eine enge Verquickung von weltlicher und

kirchlicher Ordnung fest, so im landesherrlichen Kirchen-
regiment des lutherischen Protestantismus. Überhaupt war
für die Frühe Neuzeit die Autonomisierung der weltlichen
Herrschaft ebenso charakteristisch wie die vielfältigen An-
läufe, die besondere religiöse Intensität und Frömmigkeit
dieser Zeit unmittelbar in politische Ordnungen umzuset-
zen. Dafür stehen etwa die verschiedenen religiös-staatli-
chen Experimente in den nordamerikanischen Siedlerko-
lonien, zum Beispiel der Puritaner in Massachusetts. Man
kann das als einen Rückzug in die Theokratie deuten, aber
auch als radikal-bürgerliche, republikanische Experimente,
die bis in die Gegenwart in dem engen Nexus von Dissi-
denz, Religion und Freiheit fortwirken.[44]

Unbestreitbar markierten die großen Revolutionen
des späten 18. Jahrhunderts eine Zäsur in dieser Entwicklung. Das Verhältnis von Religion und politischer Herrschaft,
von Kirchen und republikanischer Staatsordnung war ein
zentrales Thema in der Amerikanischen ebenso wie in der
Französischen Revolution, und beide hatten, mit dem Rü-
ckenwind der Aufklärung, dauerhaft Erfolg in ihrem Streben nach der Emanzipation der staatlichen Herrschaft, als
freier bürgerlicher Herrschaft, von konfessionellen Strukturen und Machtansprüchen. In der Französischen Revolution
schloß die Unterwerfung der katholischen Kirche sogar das
ein, was im Deutschen mit dem Begriff »Säkularisation« von
der »Säkularisierung« unterschieden werden kann: die Ent-
eignung bzw. Verstaatlichung kirchlichen Besitzes, die Aufhebung von Klöstern. Geburt, Eheschließung, Tod waren
konstitutiv für das bürgerlich-individuelle Leben und damit vor staatlichen Organen zu dokumentieren. In der Amerikanischen Revolution stand die Forderung nach dem »disestablishment« von Religion an vorderster Stelle, also nach
der Aufhebung der Bevorzugung einer Konfession in der
staatlichen Ordnung und der Verbindung beider nach dem
englischen Modell. Hinter diese Errungenschaften der Säku-

larisierung führt kein Weg mehr zurück – sie können sogar bis heute als Maßstab und Voraussetzung liberaler Bürgergesellschaften und demokratischer politischer Ordnungen dort gelten, wo diese Prinzipien noch nicht institutionell verankert sind. Sie sind Garantie nicht nur für die Freiheit des Staates, sondern auch für die Freiheit der Religion – und für die Freiheit der Bürger in beidem.

Auf der anderen Seite trieb die Beziehung zwischen Religion und Republik die Revolutionäre des späten 18. Jahrhunderts ja nicht deshalb um, weil sie Gott aus der Welt schaffen oder das religiöse Bekenntnis hinter die geschlossenen Wohnungstüren verbannen wollten. Eine solche Vorstellung von »Säkularisierung« ist erst von totalitären Regimen des 20. Jahrhunderts entwickelt und teilweise realisiert worden. Vielmehr stand die religiöse Freiheit ganz vorne auf der Agenda, und zwar – die private und die öffentliche Sphäre verklammernd – als individuelle Gewissensfreiheit ebenso wie als Freiheit der Ausübung von Religion in Gemeinschaft und Öffentlichkeit. In dem vielleicht berühmtesten und wichtigsten Text hierzu überhaupt, dem von Thomas Jefferson 1786 verfassten »Virginia Statute for Religious Freedom«, wird die Abhängigkeit der bürgerlichen Rechte von der Religion ebenso entschieden zurückgewiesen wie die Ansprüche der Regierenden, ihre Macht »in the field of opinion«: in die Sphäre der Meinungen und Überzeugungen, des Glaubens und des Gewissens auszudehnen, »which at once destroys all religious liberty«. Drei Jahre später hielt der erste Verfassungszusatz der Vereinigten Staaten fest: »Congress shall make no law respecting an establishment of religion, or prohibiting the free exercise thereof«.[45] Im »disestablishment« ist damit der staatsunabhängige religiöse Pluralismus zum Paradigma des politisch-sozialen Pluralismus überhaupt geworden, und die Religionsfreiheit (die man in Europa gelegentlich die »positive« nennt, weil mit ihr nicht die Freiheit »von« Religion gemeint ist) zum Paradigma der Gewissens- und öffentlichen Meinungsfreiheit auch in »säkularer« Hinsicht.[46]

Ob man also vor allem die institutionelle Grenze zwischen »Staat« und »Kirche« und den Aspekt der politischen Herrschaft betont, oder den weiteren soziokulturellen Raum und die Grenzverschiebungen zwischen Privatem und Öffentlichem, Individuellem und Kollektiv-Verbindlichem in den Blick nimmt: Mit einem Bedeutungsverlust, einer Marginalisierung, gar einem finalen Verschwinden der Religion liefe jedes Verständnis von Säkularisierung als Grundzug der Entwicklung moderner Gesellschaften in die Irre. Das lineare und eindimensionale Modell der westlichen »Modernisierung«, in dem sich der vermeintliche Fortschritt in klaren Übergängen von der feudalen zur kapitalistischen, von der ländlichen zur städtischen, und eben auch von der religiösen zur säkularen Gesellschaft vollzieht, ist schon seit längerer Zeit zweifelhaft geworden. Ihre »Meistererzählungen« gelten nicht mehr; stattdessen bestimmt die Neuerfindung von Traditionen, die Kreuzung verschiedener Entwicklungspfade, die Ambivalenz von Innovation unser Bild der Moderne.[47]

Die Vorstellung von einer »Trennung«, im Sinne von Theorien der funktionalen Differenzierung verschiedener, je autonomer Sphären ist nicht völlig falsch – aber auch hier liegt man mit vereinfachten, mechanistischen Modellen schief. Die Religion ist in den letzten Jahrhunderten der europäischen und nordamerikanischen Geschichte nicht zu einer unabhängigen, in ihrer Eigenart eingekapselten Sphäre geworden; weder radikal privatisiert noch als ein Restbereich des Irrationalen in der rationalen, entzauberten Moderne exotisiert worden. Für diese Rolle taugen andere Angebote, aber nicht die großen monotheistischen Religionssysteme und Glaubenstraditionen. Wenn denn die Religion zu einem Funktionssystem der Gesellschaft im Sinne Niklas Luhmanns geworden ist, dann spielt ihre Verflechtung, ihre Kommunikation mit anderen Subsystemen offenbar gerade unter modernen Bedingungen eine oft unterschätzte Rolle. Nicht gleichmäßig in alle Richtungen: Die Distanz der Religion zu Wirtschaft und Wissenschaft ist größer als die zu Politik, Erziehung (Familie, Bildung) und Moral. Damit aber ist jenes Dreieck von Funktionssystemen benannt, in dem sich die Bürgergesellschaft konstituiert.

In diesem Sinne steht der Säkularisierung nicht nur eine Religions*fähigkeit*, sondern möglicherweise sogar die Religions*bedürftigkeit* der Moderne gegenüber. Das ist zunächst einmal gar nicht normativ gemeint, sondern gibt eine historische Erfahrung wieder: Wo Säkularisierung stattgefunden hat, wo etablierte Religion institutionell oder individuell erodiert ist, sind Leerstellen geblieben, in die neue Formen auch der »säkularen Religion« eingetreten sind. Gerade der moderne Staat tat sich nicht leicht, auf eine religiöse Legitimation zu verzichten und wollte seinen Bürgern eine Art »Credo« der Gemeinschaftsbindung und Loyalitätsverpflichtung anbieten können. Säkulare Ersatzreligion sollte jenseits der klassisch-religiösen Privatsphäre den gemeinschaftlichen Religions- und Spiritualitätsbedarf übernehmen und damit zugleich den rationalen Staat emotional aufbessern. An erster Stelle ist dabei an das Konzept der »Zivilreligion« zu denken, das sich im Gefolge der republikanischen Revolutionen, vor allem in den Vereinigten Staaten und in Frankreich, etabliert hat.[48] Die jakobinische Zivilreligion lief, etwa mit dem von Robespierre erdachten »Fest des höchsten Wesens«, schnell in eine Sackgasse; andere Formen der religiösen Stilisierung, von der »Göttin der Freiheit« bis zur Überhöhung der Nation, nahmen dauerhaft einen Platz im französischen Patriotismus und Republikanismus ein.

Die amerikanische »civil religion« hatte einen noch größeren Erfolg, auch weil das Ende der Revolution in den USA nicht wie in Frankreich eine über sie tief gespaltene Nation zurückgelassen hatte. Zumal nach dem Zweiten

Weltkrieg schien sie zum Erfolgsmodell einer gesellschaftlich tief verwurzelten Demokratie dazuzugehören. Die Zivilreligion stiftete jenseits der privatisierten religiösen Pluralität einen verbindlichen, integrativen Wertebezug einer Nation und ihrer demokratischen Kultur. Zugleich schien sie das Angebot einer »vernünftigen«, aufgeklärten Religion des Bürgers und der bürgerlichen Gesellschaft zu sein. Man muss dabei mindestens zwei Dimensionen unterscheiden: Auf der einen Seite ist mit Zivilreligion die religiöse, die quasi-sakrale Aufladung des Republikanismus, der Demokratie und der Nation gemeint, die vorrationale, »geglaubte« Verpflichtung auf Gemeinschaft und Werte, die »Heiligkeit« der freien amerikanischen Republik. Auf der anderen Seite lässt sich die Zivilreligion auch als eine entkonfessionalisierte und entkirchlichte »Metareligion« verstehen, die den gemeinsamen Glauben an einen personalisierten Gott einschließt (und die Möglichkeit, ihn z.B. im Gebet anzusprechen) wie in der Formel des »God bless America«, aber offenlässt, ob es sich dabei um den Gott der Juden, der Christen oder der Muslime handelt.

Der zunehmende ethnische und religiöse Pluralismus in den Vereinigten Staaten hat zumal der zweiten Variante von Zivilreligion noch mehr Gewicht als früher gegeben. Dennoch ist es aus mehreren Gründen fraglich geworden, ob das Verhältnis von Religion, Staat und Gesellschaft noch der zivilreligiösen Interpretation entspricht. In den USA hat die Zivilreligion die »eigentliche« Religion nicht abgelöst, auch nicht in ihrer öffentlichen und politischen Bedeutung. Bürgergesellschaftliches Engagement ist in religiösen Gemeinschaften tiefer verankert als im allgemeinen Glauben an die Nation. Die Zivilreligion übt zwar, wie der charismatisch-appellative Politikstil Barack Obamas unterstrichen hat, eine gewaltige Kraft auf die emotionale und normative Integration der amerikanischen Gesellschaft aus. Aber sie hat sich nicht als die Religion der Bürgergesellschaft, geschweige denn als zivilisierte und rationalisierte Variante von Religion unter modernen Bedingungen, etablieren können. Anderswo, auch in Deutschland, hat sich eine Zivilreligion im amerikanischen Sinne nie ausgebildet, und auch der neue Umgang mit patriotischen Symbolen wie der Flagge oder das Bewusstsein von der Notwendigkeit geteilter republikanischer Grundüberzeugungen lässt sich nur schwer in dieses Raster pressen.[49]

Aber auch grundsätzliche Erwägungen stimmen eher skeptisch. Der Suche nach der Zivilreligion ist ein integrationistisches, homogenisierendes Moment nicht fremd, das dem freiheitlichen Pluralismus moderner Bürgergesellschaften zuwiderläuft. Dieses Bedenken lässt sich sogar auf zwei Ebenen formulieren: Die Projektion der Religion auf die staatliche Ordnung, und sei diese noch so freiheitlich und demokratisch, bedeutet eine Funktionalisierung von Religion und steht gegen die prinzipielle Differenz von religiöser und weltlicher Sphäre. Mit anderen Worten, moderne Gesellschaften fahren mit Bürgern, die ihrem Engagement (auch) spezifische und unterschiedliche religiöse Motive zugrundelegen, vielleicht besser als mit Bürgern, die sich als Anhänger einer staatstragenden Zivilreligion verstehen. Das ist die eine Ebene, die an die Differenz von Staat und Bürgergesellschaft erinnert. Die andere Ebene betrifft Differenz und Heterogenität in der Gesellschaft selbst. Die Homogenität von Wertüberzeugungen, die sich mit dem Konzept der Zivilreligion verbindet, ist für eine offene Gesellschaft weder erreichbar noch überhaupt wünschenswert. Insofern ist auch die Homogenitätsunterstellung in dem berühmten Diktum Ernst-Wolfgang Böckenfördes: »Der freiheitliche, säkularisierte Staat lebt von Voraussetzungen, die er selbst nicht garantieren kann«, problematisch: Kann er nur bestehen, »wenn sich die Freiheit, die er seinen Bürgern gewährt, von innen her, aus der moralischen Substanz des einzelnen und der Homogenität der Gesellschaft, reguliert«?[50]

Die von John Rawls entwickelte Idee eines »overlapping consensus« scheint hier besser zu passen: der Integration liberaler Gesellschaften durch einen empirischen Überlappungsraum von Wertüberzeugungen.[51] Dazu bedarf es gar keiner Zivilreligion; vielmehr gehen, wie Martha Nussbaum argumentiert hat, die religiösen Überzeugungen in den Überlappungsraum des »shared space« selbstverständlich mit ein: »Citizens themselves will rarely separate their understanding of the political conception from the comprehensive doctrine they love. They usually will see the point of the political values in terms of the other values in their comprehensive doctrine, and this is fine. They do, however, respect their fellow citizens as fully free and equal, and this sets limits on the ways in which they will seek to enact that more comprehensive understanding. When they inhabit the shared space of moral / political principle, then they will not seek to make it a Protestant space, or a Hindu space, or an atheistic space. They will seek principles, and applications, that are truly fair to all.«[52]

Neben der Zivilreligion steht ein zweites ersatzreligiöses Konzept, das die moderne Gesellschaft als solche zu charakterisieren schien – nicht zuletzt in Deutschland. Man könnte von der Negativform der Zivilreligion sprechen: Die Rede ist von der religiösen Qualität politischer Ideologien mit ihrer Verknüpfung von »Weltgeschichte und Heilsgeschehen«.[53] Die Erlösungshoffnungen, die Erwartungen einer paradiesischen Endzeit jenseits des irdischen Jammers wurden im Prozess der Säkularisierung in das Diesseits geholt, in den Fortschritt der Geschichte hinein projiziert und zu dem politischen Horizont einer erlösten und konfliktfreien Gesellschaft am Ende der Geschichte verdichtet. In der Geschichtsphilosophie Karl Marx', im Historischen Materialismus mit seiner Utopie einer kommunistischen Gesellschaft fand diese säkularreligiöse Umdeutung christlich-jüdischer Traditionen ihre klassische Ausprägung. Aber was im 19. Jahrhundert noch Philosophie, politische Theorie und allenfalls diffuser Erwartungshorizont der Arbeiterbewegung war,[54] verwandelte sich zu Beginn des 20. Jahrhunderts in ein voluntaristisches Programm, dessen Vollstrecker sich als Schöpfer einer endzeitlichen Ordnung auch gegen alle Widerstände betrachteten. Das gilt für den Lenin-Stalinschen Kommunismus und einige seiner Adaptionen in Asien, von China bis Kambodscha, ebenso wie für den deutschen Nationalsozialismus mit seinem auf Hitler projizierten Messianismus, mit seiner neochiliastischen Beschwörung eines »tausendjährigen Reiches«, seiner rassischen Heilslehre und seinen kultischen Praktiken.[55]

Alle Versuche, die Differenz zwischen Weltgeschichte und Heilsgeschehen einzuebnen, sind im Verlaufe des 20. Jahrhunderts radikal gescheitert. Die politischen Ersatzreligionen der »Hochmoderne« haben sich definitiv als nicht zivilisierungsfähig erwiesen. Aber nicht nur ihre extremen, totalitären Ausformungen sind inzwischen auf der Strecke geblieben. Die emphatische Überhöhung politischer und kultureller Werte zu quasi-religiösen Bewegungen – ob man an den Nationalismus als »politische Religion« oder an die »Bildungsreligion« des protestantischen Bürgertums denkt – ist aus heutiger Sicht kein Merkmal der Moderne mehr, sondern Merkmal spezifischer religiös-politischer Verunsicherung in einer Übergangszeit. Auch insofern hat das »Ende der Ideologien« der Rückkehr der Religion wieder Raum eröffnet.

Man könnte also sagen: Im Prozess der Modernisierung mit ihrer zeitweise besonders zugespitzten Erwartung einer Säkularisierung (hier im Sinne einer Entchristlichung, einer Entkirchlichung, eines Verschwindens transzendentaler Glaubensüberzeugung) wurden zeitweise Alternativen zur etablierten Religion entwickelt, die sich jedoch entweder nicht dauerhaft etablieren konnten (wie die politischen Religionen), oder andere Funktionen erfüllten (wie die Zivilreligion), oder in einer Nische verblieben. Die Nischendiagnose muss man den vielfältigen Formen des radikal privatisierten Religionsersatzes stellen, die am Anfang des 20. Jahrhunderts ihre moderne, bis heute gültige Ausprägung fanden: teils eng verbunden mit soziokulturellem Protest, teils unpolitisch-individualisierte Erlösungs- und Sinnsuche. In dem Bedürfnis nach Esoterik, in den westlichen Anleihen bei asiatischen Religionen, Meditationspraktiken oder Körpertechniken lassen sich Ausdruckformen jener »vagierenden Religiosität« erkennen, wie der Historiker Thomas Nipperdey das vielfach heimatlos gewordene Transzendenz- und Sinnbedürfnis der Moderne so schön genannt hat.[56] Doch ist diese Form der scheinbar modernisierten, weil individualisierten, privaten, von Tradition, Organisation und Hierarchie »befreiten« Religiosität weithin im Raum der persönlichen Lebensführung verblieben und konnte kaum gesellschaftliche Durchschlagskraft entwickeln.

Freilich muss dann auch von der zeitweise engen Verbindung zwischen westlicher »Neoreligiosität« und sozialen Bewegungen die Rede sein, die in den 6oer und 7oer Jahren des letzten Jahrhunderts besonders auf Jüngere und Gebildete eine erhebliche Anziehungskraft ausgeübt hat. Politischer Protest statt Rückzug in die private Glückssuche verband sich mit einer emphatischen Gemeinschaftssehnsucht[57] – eine Kombination, für die der Protestantismus zu individualistisch und rational und der Katholizismus zu hierarchisch und konservativ schien. Im Angesicht des jugendlichen Protests und seiner besonderen moralischen Emphase, im Angesicht der gesamten »counterculture« um 1970 meinte der amerikanische Soziologe Talcott Parsons sogar Anzeichen einer »new religion of secular love« beobachten zu können, die wiederum Vorbote einer die westliche Welt erneuernden »expressiven Revolution« sei: eine neue Liebesreligion der affektiv-moralischen Bindung als

Kern der friedvollen Integration moderner Gesellschaften.[58] Inzwischen ist der emphatische und kommunitäre Teil dieser Impulse größtenteils verpufft; ein anderer Teil ist im Zuge des postmateriellen Wertewandels tatsächlich soziokulturelles Gemeingut geworden – eine Religion ist daraus jedoch nicht entstanden.

Die »vagierende« Ersatzreligiosität hat insgesamt ihren historischen Höhepunkt bereits überschritten und ist weiter profaniert und veralltäglicht worden: Wenn den Kirchen in den 70er und 80er Jahren noch Sekten und Esoterik Sorgen bereiteten, sind inzwischen »weniger andere große Religionen oder Sekten als vielmehr die Anbieter ›kleiner Transzendenzen‹ – wie Wellness, Sport oder Meditation« die Konkurrenz.[59] Im Gegensatz zur klassischen Religiosität sei sie jüdischer oder muslimischer, evangelischer oder katholischer Provenienz fehlt diesen Angeboten aber nicht nur das Merkmal radikaler Alterität. Es fehlt ihnen auch, auf die Bürgergesellschaft bezogen, die Gemeinschaftsfähigkeit ebenso wie die Sprachfähigkeit, zumal die Fähigkeit zur Reflexion komplexer ethischer und sozialer Probleme. Dieser Vergleich ist ein weiterer Hinweis auf eine Leistung von Religion in modernen Gesellschaften, die sich weder aufgelöst hat noch leicht ersetzbar ist: ihre Fähigkeit, intersubjektive Verständigung über Grundfragen der Moral und des menschlichen Zusammenlebens zu betreiben – im Horizont radikaler Alterität und doch, ohne dabei weltflüchtig zu werden.

Was steht am vorläufigen Ende dieses Rundblicks? Es ging nicht darum, die These von der Säkularisierung rundweg, in allen ihren Facetten zu bestreiten. Wenn Peter Berger sie definiert als »einen Prozess, durch den Teile der Gesellschaft und Ausschnitte der Kultur aus der Herrschaft religiöser Institutionen und Symbole entlassen worden sind«; wenn sie »den Rückzug der christlichen Kirchen aus Bereichen, die vorher unter ihrer Kontrolle oder ihrem Einfluss gestanden haben«, einschließt[60] – dann bleibt Säkularisierung eine treffende Beschreibung für zentrale Entwicklungen moderner Gesellschaft. Die neuen Phänomene einer »Rückkehr« der Religion, global und auch in den westlichen Gesellschaften, rechtfertigen insofern noch nicht die Rede von einer »Desäkularisierung« im Sinne einer historischen Kehrtwende.[61] Auch die Entdeckung der historischen Forschung der letzten zehn Jahre, das 19. Jahrhundert als Durchbruchzeit der Moderne und vermeintlich beschleunigte Schubphase der westlichen Säkularisierung sei eher eine besonders religiös geprägte Epoche gewesen, in Teilen Europas – auch in Deutschland – geradezu ein »zweites konfessionelles Zeitalter«,[62] ist richtig: Eine erneuerte Volksfrömmigkeit; die Neuerfindung des Katholizismus im Papsttum, aber auch des Protestantismus im Bildungsbürgertum; Kulturkämpfe zwischen Kirche und Staat; nicht zuletzt die vielfältige Ausdifferenzierung religiöser Institutionen im sozialen und karitativen Netzwerk sind Stichworte dafür. Aber eine Rückkehr in die religiös legitimierte Welt des Mittelalters und der Frühen Neuzeit war damit nicht verbunden.

Die Erzählung von der Säkularisierung offenbart große Schwächen. Sie hat dazu beigetragen, die Religionsfähigkeit und die Religionsbedürftigkeit der Moderne lange Zeit systematisch zu unterschätzen. Sie hat auch der Vermutung Vorschub geleistet, die Integration und Leistungsfähigkeit von Bürgergesellschaft könne postreligiös oder ersatzreligiös besser gewährleistet werden als mit der Religion als maßgeblichem »player«, ihren Glaubensüberzeugungen und sozialen Netzwerken. Aber die Vorstellung von einer kaum gebrochenen Kontinuität, in der verschüttete Religionspotentiale nur wiederbelebt werden müssten, ignoriert die tiefgreifenden Veränderungen in Religion und Gesellschaft, und im Verhältnis beider, während der letzten zweihundert Jahre. Es gibt kein Zurück in eine Welt der unhinterfragten Religionsmächtigkeit, keinen Weg zurück hinter Aufklärung und Säkularisierung: schon deshalb nicht, weil sie auch die Religion einem heilsamen Veränderungsdruck, einem fortwährenden Formwandel unterworfen haben. Deshalb halte ich den Begriff der »postsäkularen Gesellschaft«, den Jürgen Habermas vor einigen Jahren so einflussreich geprägt hat, für prinzipiell treffend und weiterführend. Wenn wir nicht in eine neue Konstellation von Religion und Öffentlichkeit eingetreten wären, sondern nur eine alte reanimiert hätten, würden wir schnell auf Reflexionspotentiale verzichten und die Grundlagen einer freiheitlichen Gesellschaft gefährden. Sehen wir uns deshalb diese postsäkulare Konstellation etwas näher an.

V. Religion und Bürger
in der postsäkularen Gesellschaft

Religion verschwindet nicht, religiöse Gemein-schaften lösen sich nicht auf, obwohl weite Teile der Gesellschaft auch weiterhin religionsfern bleiben, ja der Säkularisierungsprozess in vieler Hinsicht offenbar weiterläuft: Das war eine Ausgangsbeobachtung in Jürgen Habermas' viel beachteter Rede bei der Entgegennahme des Friedenspreises des deutschen Buchhandels im Oktober 2001, nur wenige Wochen nach den Anschlägen des 11. September.[63] Mit der Bedrohung durch den islamistischen Terror schien die Religion nicht nur eine neue Präsenz, sondern auch eine neue Gefährlichkeit zu demonstrieren. Dennoch lief Habermas' Beobachtung nicht darauf hinaus, der Religion einen Schutzraum zuzuweisen, eine Art Nationalpark oder Reservat, in dem sie auch weiterhin, aber hinter gut gesicherten Zäunen, überleben könne. Vielmehr richtete sich Habermas' Interesse auf den Grenzraum zwischen religiöser und weltlicher, zwischen religiöser und bürgergesellschaftlicher Sphäre, weil ihm unverkennbar schien, dass religiöse Begründungen in öffentlichen und politischen Kontexten nicht nur empirisch gesehen ein größeres Gewicht erhielten, sondern auch normativ einiges in die Waagschale zu werfen hatten: Argumente und Reflexionspotentiale, auf die »Risikogesellschaften« des 21. Jahrhunderts in ihren typischen kulturellen und sozialen Konflikten nicht weniger, sondern mehr als früher zurückgreifen müssen.

Die postsäkulare Gesellschaft bedeutet, folgt man Habermas, eine Zumutung nicht nur für die religiösen Bürger, die ihren Glauben und daraus resultierende Werte mit den Werten der demokratischen Gesellschaft und des Verfassungsstaates in Übereinstimmung bringen müssen. Vielmehr mutet sie auch ihren nicht-religiösen, »säkularen« Bürgern etwas zu. Religion lässt sich in der postsäkularen Konstellation nicht mehr radikal privatisieren, aus der Öffentlichkeit ausschließen, und beide Seiten sind aufgefordert, die Grenze zwischen Religion und säkularer Gesellschaft zu beachten und kontinuierlich zu bearbeiten. »Die Grenze zwischen säkularen und religiösen Gründen ist ohnehin fließend«, so schreibt Habermas. »Deshalb sollte die Festlegung der umstrittenen Grenze als eine kooperative Aufgabe verstanden werden, die von *beiden* Seiten fordert, auch die Perspektive der jeweils anderen einzunehmen.«[64] Es geht dabei jedoch nicht darum, die Trennung zwischen religiöser und weltlicher Sphäre, zwischen privatem Glauben und öffentlichem Handeln, einzuebnen oder historisch rückgängig zu machen – in dieses Grundproblem des Islams ebenso wie seiner eigenen Geschichte vor Investiturstreit, Reformation und Aufklärung wird sich der postsäkulare Westen nicht freiwillig zurückbegeben wollen. Es geht vielmehr darum, die Bearbeitung dieses Grenzraums nicht der religiösen Privatheit oder kirchlichen Sonderkulturen zu überlassen, sondern in der Mitte des Gemeinwesens zu verankern.

Damit werden zum einen die nach einem Ausdruck Max Webers »religiös Unmusikalischen«, zu denen Habermas sich selber zählt, aufgefordert, religiöse Argumente auch in zivilgesellschaftlichen Debatten und staatlichen Entscheidungsprozessen – zum Beispiel über ethische Fragen im Zusammenhang der Reproduktionsmedizin – ernst zu nehmen, anstatt von den religiösen Bürgern zu verlangen, ihre Überzeugungen an der Eingangspforte öffentlicher Diskurse abzugeben. Zum anderen geht Habermas noch einen Schritt weiter und deutet an, dass die religiösen Bürger sogar einen intellektuellen und ethischen Vorsprung vor ihren nichtreligiösen Mitbürgern besitzen können. Denn sie leben nicht im Horizont der säkular-szientifischen Vernunft alleine, sondern sind permanent dazu gezwungen, das Spannungsverhältnis zwischen Glauben und Wissen, zwischen religiöser Absolutheit und dem kommunikativen Konsens der demokratischen Gemeinschaft auszuhalten und kompatibel zu machen.

Das religiöse Bewusstsein ist insofern kein Ausdruck minderer Intellektualität oder Aufgeklärtheit, sondern ist auch historisch, jedenfalls in der westlichen Moderne seit der Aufklärung, einem massiven »Reflexionsschub« unterworfen worden.[65] Dieser Reflexionsschub resultiert aus der kognitiven Bearbeitung der Grenze zwischen Eigenem und Anderem, zwischen Kirche und Staat, zwischen Glauben und Wissen, auch: zwischen transzendentalem Wertebezug und demokratischem Wertekonsens. Religiöse Bürger sind nicht nur verpflichtet, wollen sie keine Fundamentalisten sein, sich den Prinzipien der säkularen Wissensgesellschaft, oder der säkularen politischen Ordnung, zu öffnen und diese mit der Gesamtheit aller Bürger zu teilen. Sie leisten darüber hinaus einen Beitrag zu einer Art kognitiver und ethischer Meta-Reflexion, die der anderen Seite nicht abverlangt wird. In diesem Reflexionsraum, der sich gerade aus der Spannung, aus der Heteronomie von Religion und Bürgergesellschaft, von Glauben und Wissen ergibt – nicht aus ihrer voraufklärerischen Einebnung! –, können komplexe Erkenntnis- und Handlungshorizonte entstehen, auf die moderne Gesellschaften insgesamt schlecht verzichten können.

Mit anderen Worten: Religion kann zu einem wichtigen Potential, zu einer wichtigen Ressource für die Bürgergesellschaft werden – aber nur dann, wenn sie eine Stufe der kritischen Selbstreflexion erreicht, die der Säkularisierung nicht ausweicht, sondern sie vielmehr voraussetzt. Deshalb scheint mir auch die Gegenüberstellung von »religiösen Bürgern« einerseits, »säkularen Bürgern« andererseits, wie Habermas sie in seinen neueren Überlegungen zur Religion vornimmt, irreführend zu sein.[66] Man muss doch davon ausgehen, dass der Begriff des »Bürgers« in einer demokratischen und zivilen Gesellschaft in sich schon die Idee des säkularen – was ja nicht heißen muss: ungläubigen oder areligiösen – Mitglieds eines säkularen Unternehmens, nämlich des demokratischen Staates, in sich trägt; insofern ist der »säkulare Bürger« eine unnütze Tautologie. Andernfalls wäre die Vorstellung eines »religiösen Bürgers« eine Unmöglichkeit, denn es kann keine Bürger geben, die ihr Bürger-Sein von ihrer Religion oder ihrem Glauben ableiten oder dadurch in erster Linie definiert sehen. In einer postsäkularen Gesellschaft müssen auch »religiöse« Bürger als Christen, Juden oder Muslime immer zugleich und zuerst säkulare Bürger sein.[67]

Folgt man der skizzierten Überlegung von Jürgen Habermas, wonach die Religion allen Bürgern: den religiösen und nichtreligiösen, den kirchlich engagierten und den längst aus der Kirche ausgetretenen, eine Reflexions- und Anerkennungsleistung abverlangt, dann sollte man nicht zwischen religiösen und säkularen Bürgern unterscheiden. Vielmehr liegt ein Begriff nahe, der gerade diese Gemeinsamkeit zum Ausdruck bringt: Alle Bürgerinnen und Bürger müssten sich als »*religionsbewusste* Bürger« verstehen können. Denn sie eint unabhängig von ihrer persönlichen Haltung zur Religion, und auch als Atheisten, die Einsicht, dass Religion eine wichtige und produktive Rolle in der modernen Bürgergesellschaft spielt: mit ihren spezifischen Überzeugungen und Reflexionshorizonten, aber auch mit den praktischen Leistungen ihres moralisch-sozialen Engagements.

Auf diese Weise lassen sich Kriterien gewinnen für die Möglichkeit einer öffentlichen Rolle von Religion, für einen Platz der Religion nicht nur am Katzentisch der Bürgergesellschaft; am Ende sogar für einen Staat, der dies anerkennt und fördert, für einen »religionsfreundlichen Staat«. Doch zuvor muss sich die Religion selbst auf ihre Moderne-

fähigkeit hin befragen lassen. Man muss also Kriterien entwickeln, gewissermaßen Hürden errichten, über die eine
solchermaßen öffentlichkeitsfähige Religion erst springen
muss. Es geht um Voraussetzungen für das Selbstverständnis und die innere Verfasstheit religiösen Denkens und religiöser Institutionen, die in einer postsäkularen Gesellschaft,
die zugleich eine offene demokratische Bürgergesellschaft
ist, erfüllt sein müssen. Dabei bin ich zuversichtlich, dass
diese Hürden von großen Religionsgemeinschaften wie den
christlichen Kirchen und dem Judentum im Prinzip längst
genommen sind – und auch für den Islam kein unüber-
windbares Hindernis darstellen.

Moderne Religion in der säkularen und aufgeklärten
Bürgergesellschaft existiert in einem Spannungsfeld, in einer Dialektik von Selbstlimitierung und Transgression. Was
ist damit gemeint? Zunächst zum Begriff der Selbstlimitierung: Religiöse Gemeinschaften wissen ebenso wie einzelne
Gläubige um die Grenzen, die dem Geltungsbereich – man
könnte auch sagen: dem Funktionssystem – der Religion
gezogen sind. Das gilt etwa für die ethischen Gebote der
Religion. Man kann sich individuell entscheiden, so radikal wie möglich den Geboten der Nächsten- und Feindes-
liebe nachleben zu wollen. Doch stößt dies an die Grenzen der gültigen Gesetze, der Rechtsordnung, an die sich
der religiöse Mensch als säkularer Bürger zu halten hat.
Er wird auch nicht erwarten dürfen, seine religiös motivierten Lebensregeln zu einem allgemeinen Gesetz zu machen, wenn nicht die Mehrheit der Bürger überzeugt ist,
dass dies so sein sollte – aber dann wäre es wieder ein staatliches, ein säkulares, und kein religiöses Gesetz. Mit dieser
Last der Selbstlimitierung haben religiöse Bürger in westlichen Gesellschaften umzugehen gelernt. Sie steht in einem
unauflöslichen Spannungsverhältnis zu dem, was ich hier
»Transgression«, Überschreitung nennen möchte: den unverzichtbaren Anspruch von Religion, Grenzen zu über-

schreiten; auf fundamentale und radikale Weise in das Leben von Menschen einzugreifen; damit auch unmittelbar und »in der Welt« praktisch handlungsleitend zu wirken, ja die Welt – und nicht nur den einzelnen Menschen, den einzelnen Gläubigen – zu verändern.

Religion wäre nicht Religion, sondern bloß privatistischer Erlösungs- oder Befriedungsglaube, wenn sie diesen Anspruch auf Grenzüberschreitung, auf Intervention in die private und in die bürgerliche, öffentliche Lebenssphäre aufgäbe – auch in der modernen Gesellschaft. Aber beides, Selbstbegrenzung und Grenzüberschreitung, gehört unauflöslich zusammen, jede Seite verweist permanent auf die andere zurück. Im Blick auf die beiden großen christlichen Konfessionen könnte man zugespitzt vielleicht sagen: Indem der Katholizismus die Grenze zwischen »Heiligem« und »Profanem« schärfer zieht, sind diese Sphären für ihn mehr getrennt voneinander – der Anspruch auf Grenzüberschreitung aber unter Umständen umso radikaler. Für den Protestantismus ist die religiöse Lebensführung von vornherein enger in die Weltlichkeit eingebunden. Das kann in eine Privatisierung des eigenen Glaubens münden und in eine umso mühelosere Integration in die säkular-öffentliche Sphäre. Es kann aber auch einen emphatischen Impuls für die weltliche Generalisierung religiöser Normen befördern. Ein Beispiel dafür aus der jüngsten deutschen Geschichte ist die Umwelt- und Friedensbewegung der 70er und 80er Jahre mit ihrer protestantisch gefärbten Gesinnungsethik.

Damals stand die »Gesinnungsethik« der moralischen Bewegung überspitzt gegen die »Verantwortungsethik« des politischen Handelns. Aber richtig ist doch, dass Religion in der modernen Gesellschaft eine grundlegende »Sinndifferenz« zur säkular-bürgerlichen Sphäre produziert, die überbrückt werden muss, ohne je ganz überbrückt werden zu können. Noch einmal: Sie muss überbrückt werden, weil sonst die Spaltung in säkulare Bürger und religiöse Anti-Bürger droht; die Falle von Fundamentalismus und radikalem Laizismus. Aber sie kann und darf nicht überbrückt, besser: nicht eingeschmolzen werden, weil sich Religion sonst entweder in rein privatistische Bedeutungslosigkeit auflöst oder – zweifellos die bedenklichere, die gefährlichere Alternative – die säkulare Sphäre, die Freiheitsrechte, das demokratische Mehrheitsprinzip usurpiert. Um diese Spannung auffangen zu können, hat Religion in der europäischen Geschichte der vergangenen Jahrhunderte auf mühsame Weise und in schmerzhaften, keineswegs immer freiwillig vollzogenen Lernprozessen verschiedene Mechanismen, gleichsam Sicherungsprinzipien ausgebildet.

Drei solcher Prinzipien scheinen mir besonders wichtig zu sein. Erstens, so paradox es auf den ersten Blick klingen mag, die Vernunft: Religion hat sich rationalisiert und auf die aufklärerische Vernunft eingelassen. Sie hat die Spannung zwischen »Glauben und Wissen« nicht als eine Außengrenze bestehen lassen, sondern sich als eine poröse, flexible Binnengrenze selber implantiert. Deshalb, um nur ein Beispiel zu nennen, können Christen längst nur noch mit der Achsel zucken, wenn sie auf vermeintliche Widersprüche von Schöpfungsbericht und Evolutionslehre angesprochen werden. Das zweite Prinzip ist die institutionelle Ausdifferenzierung, konkret gesprochen: die Kirchenbildung. Sie hat die Überlagerung von geistlicher und weltlicher Herrschaft in der europäischen Geschichte zwar keineswegs verhindern können, scheint unter modernen Bedingungen aber eine funktionale Trennung zu begünstigen. Das dritte ist die innerreligiöse Reflexion, die wir in ihrer verwissenschaftlichen, wiederum auch institutionell verfestigten Form gemeinhin als Theologie bezeichnen. In der jüdisch-christlichen Tradition haben Kirche und Theologie für die Einbettung der Religion in die allgemeine Kultur eine besonders wichtige Funktion gehabt, und diese Funktion hat sich auch heute noch nicht überlebt. Kirche und Theologie haben Religion zugespitzt und sichtbar gemacht, sie sind mächtige Agenten einer religiösen Durchdringung der Gesellschaft gewesen. Aber sie haben zugleich die Religion gebändigt und gegenüber der zivilen Sphäre eingehegt: die Theologie durch intellektuelle Rationalisierung, die Kirche durch institutionelle Grenzziehung. Im 20. Jahrhundert ist ja auch die Theologie in ihre Phase des »nachmetaphysischen Denkens« (Jürgen Habermas) eingetreten.

Man könnte auch sagen: Moderne Religion lässt sich in Kirche und Theologie, trotz ihrer prinzipiellen Heteronomie, auf die Organisationsformen der bürgerlichen Gesellschaft ein: die Kirchen sind insofern Interessenverbände des Pluralismus neben Gewerkschaften, ADAC und Unternehmerverbänden geworden. Sie lässt sich zumal in der Theologie auf die Reflexionsbedingungen der modernen, säkularisierten Wissenschaft ein. Und doch geht sie darin nie ganz auf, sondern überschreitet beides immer wieder.[68] In mancher Hinsicht ist dafür übrigens die besondere Staatsnähe der christlichen Kirchen in Deutschland, so schädlich sie in vielen anderen Aspekten war, auch ein Vorteil gegenüber einer reinen Laizität des Staates gewesen. Denn sie hat die Religion einem enormen Rationalisierungs- und Säkularisierungsdruck ausgesetzt. Die Tatsache, dass Theologie von Staatsbeamten an staatlichen Universitäten betrieben wird, die sich gegenüber den Vertretern säkularer Fächer auf intellektueller Augenhöhe bewegen müssen, ist ein eindrucksvolles Beispiel dafür. Vor allem aber sind Theologie und Kirche für die erwähnten Sicherungsfunktionen auch weiterhin unverzichtbar, die ja nicht zuletzt einen Schutz der Gesellschaft vor dem unkontrollierten Ausgreifen von Religion bilden. Diese Eigenschaften sind zugleich Pfunde, mit denen das Christentum gegenüber anderen Religionen wuchern kann, die über solche »eingebauten« (das heißt natürlich: historisch erst mühsam erworbenen!) Grenzziehungen nicht verfügen – oder »noch« nicht, wenn man an die Debatten über eine Rationalisierung und Modernisierung des Islam denkt.

Wie aber konstituiert sich religiöser Pluralismus – nicht als Bekenntnisfreiheit, sondern als Vielheit der »Grenzüberschreitungen« im eben diskutierten Sinne – angesichts der »Gleichzeitigkeit des Ungleichzeitigen«, also angesichts ganz unterschiedlicher Entwicklungsstufen und Reflexionspotentiale von Religionen in einem konkreten Gemeinwesen? Darf man den christlichen Gott karikieren und verspotten, den muslimischen aber nicht? Wird staatlicher Religionsunterricht manchen Konfessionen zugebilligt, anderen aber nicht? Wenn eine Renaissance der öffentlichen Bedeutung von Religion auf so komplexen Voraussetzungen der binnenreligiösen Rationalisierung beruht, wie sie vorhin skizziert worden sind, wie verhält sich dazu dann der Geltungsanspruch einer Religion, die diesen Kriterien der postsäkular modernisierten Religion nicht entspricht, vielleicht auch gar nicht entsprechen will; und wer entscheidet über diese Kriterien?

Die Antwort auf die letzte Frage dürfte noch am leichtesten fallen: Die Definitionsmacht liegt gewiss nicht auf der Seite der Religion, geschweige denn der einzelnen Gläubigen, sondern bleibt dem zivilen Gemeinwesen, seinen demokratischen Regeln und seinen Grundwerten vorbehalten. Von »religionsbewussten« Bürgern muss man erwarten können, dass sie diese Regeln kennen und anerkennen, und sich auch darin als religionsbewusst erweisen, dass sie die Grenzen der religiösen Ansprüche in der offenen, demokratischen Gesellschaft respektieren.

VI. Bürgergesellschaft und die Suche nach Ligaturen

Bürgerliche Gesellschaft, Bürgergesellschaft, Zivilgesellschaft: diese Begriffe und die damit verbun-
dene Vorstellung von einer autonomen und engagierten Sphäre des bürgerlichen Engagements stehen seit den
90er Jahren auch in Deutschland wieder hoch im Kurs. Die
neue Konjunktur einer halb vergessenen, halb verpönten
Idee kam zunächst für viele überraschend. Konnte man mit
einem Konzept, das an längst untergegangene Welten des
18. Jahrhunderts, an gepflegte Salongespräche einer gebildeten, relativ wohlhabenden, in der Regel männlichen Elite
erinnerte, am Beginn des 21. Jahrhunderts noch etwas an-
fangen? In den 60er und 70er Jahren, auch das war noch
im Ohr, war die »bürgerliche Gesellschaft« mit ihren Formen und Konventionen der Inbegriff dessen gewesen, was
Studentenbewegung und »Neue Linke« überwinden wollten; in dieser Sicht ein harter Gegenbegriff zu Demokratie,
zu Partizipation und Emanzipation. Die Prognose von Karl
Marx, der die bürgerliche Gesellschaft als Herrschafts- und
Lebensordnung der kapitalistischen Bourgeosie historisch
pries und doch dem unvermeidlichen Untergang geweiht
sah, sorgte auch bei Nicht-Marxisten für Berührungsängste.
Seit längerem ist das wieder anders geworden, so dass man
von einer kurzlebigen Mode-Rhetorik keinesfalls mehr sprechen kann. Vielmehr steht die Rückkehr der Bürgergesellschaft, wie schon angedeutet, in engstem Zusammenhang
mit den tiefen gesellschaftlichen und kulturellen Veränderungen seit den 70er Jahren, die wir im Kapitel III. diskutiert haben. Das Interesse und die Debatte sind international,
ja global; weit von einer engen Nabelschau der Deutschen
entfernt.

Gibt es einen Raum zwischen Individuum und Staat, zwischen Privatsphäre und allzuständigem Leviathan? In dieser Frage lassen sich verschiedene Motive der neuen Suche nach der Bürger- oder Zivilgesellschaft bündeln. Manchmal war die Abgrenzung gegenüber dem Staat der entscheidende Impuls. Das gilt besonders für die Protagonisten einer Zivilgesellschaft in der ostmitteleuropäischen Opposition gegen die kommunistischen Diktaturen in deren Endphase: Gegen den übermächtigen, eine Autonomie der Bürger und deren gemeinsames Handeln nicht zulassenden Staat beriefen sich vor allem polnische Intellektuelle auf die »Zivilgesellschaft«.[69] Unter westlichen Intellektuellen machte zur selben Zeit der »Kommunitarismus« von sich reden, in dem sich Vorbehalte gegenüber einem rein individualistischen Gesellschaftsmodell, aber auch eine neuartige linksliberale Staatsskepsis artikulierte.[70] Das war in deutscher Tradition ungewohnt, verband sich aber mit der basisdemokratischen und anti-etatistischen Stimmung, in der um 1980 die »Grünen« ihr Milieu auszubauen begannen. Auch gegen den liberal-kapitalistischen Markt wurde die Zivilgesellschaft in Stellung gebracht. Die Interessen des Individuums zielten schließlich, der klassischen Theorie der bürgerlichen Gesellschaft zufolge, auf die Mehrung seiner Chancen am Markt, auf den Egoismus des Profitinteresses. Wenn man bezweifelte, dass sich schon aus der Summe dieser Egoismen das Gemeinwohl ergab, gleichzeitig aber eine staatliche Definition und Regulierung des Gemeinwohls als Bevormundung empfand, dann gelangte man zur Bürgergesellschaft als einer Sphäre, wie es häufig heißt, »jenseits von Markt und Staat«, aber eben auch jenseits zusammenhangloser Individuen. Denn fast immer meint diese Sphäre mehr als bloß die Summe der in ihr sich frei bewegenden Bürger.

Seit etwa zehn Jahren hat sich das neue Interesse an der bürgerlichen Gesellschaft so weit ausgedehnt und ausdifferenziert, dass es fast unmöglich ist, einen knappen Überblick zu geben. In vielen Disziplinen wie der Soziologie oder der Geschichte ist die Zivilgesellschaft zu einem theoretischen Leitkonzept ebenso wie zu einem empirischen Forschungsgegenstand geworden.[71] So sind auch die historischen Wurzeln heutiger Zivilgesellschaft, die Kontinuitäten und Brüche im Vergleich zu den Vorläufern deutlich geworden, die nicht nur bis in das Zeitalter der Aufklärung, sondern in die griechische Antike, in die Vorstellung des Aristoteles von einer bürgerlichen Polis-Gemeinschaft, zurückführen.[72] Auch eine verfeinerte Forschung kann sich angesichts dieses Themas jedoch – wie sich immer wieder gezeigt hat – kaum normativ neutralisieren: In der Rede von der Bürgergesellschaft schwingt fast immer ein politisch-gesellschaftliches Ideal mit, eine Wunschvorstellung und eine Wertmaßstab für eine »gute« Gesellschaft. Das muss man gar nicht beklagen; es gehört zur Geschichte dieses Begriffes vielmehr von Anfang an dazu. Meistens gilt die Stärkung der Bürgergesellschaft als etwas Positives, Erstrebenswertes – auch dieser Autor schließt sich dem ganz offen an.

Weder um einen systematischen Überblick noch um eine lückenlose historische Herleitung noch um eine umfassende Begriffs- und Ideologiekritik kann es hier gehen. Auf den folgenden Seiten soll lediglich an einige zentrale Merkmale der Bürgergesellschaft erinnert werden, so dass die Vielschichtigkeit des Phänomens in den Blick kommt und der Rahmen erkennbar wird, innerhalb dessen das Verhältnis von Religion und Bürgergesellschaft bestimmt werden kann. Die verschiedenen Bezeichnungen sind bisher annähernd synonym verwendet worden; ich bevorzuge den Begriff der »Bürgergesellschaft«. Er ist kompakter als die »bürgerliche Gesellschaft«, in der zudem nicht so sehr ein Bereich, ein Handlungsfeld anklingt, sondern die eher (im Marxschen Sinne) auf den Gesamtzustand einer »Gesellschaftsformation« zu verweisen scheint. Überhaupt schleppt die »bürgerliche Gesellschaft« gerade in Deutschland zu viel Hegel-

schen oder Marxschen Ballast mit sich herum. Man könnte
auch von »Zivilgesellschaft« sprechen; teils ist das ohnehin ein Übersetzungsproblem: die englische »civil society«
oder schon die lateinische »societas civilis« ist ja nichts anderes als die »bürgerliche« Gesellschaft. Eben darum ist der
deutsche Begriff, »Bürgergesellschaft«, aber auch klarer und
direkter – und er rückt das handelnde Subjekt, den Bürger
(und die Bürgerin) von vornherein ins Zentrum. Denn die
Frage geht nicht nur nach der »zivilen« Verfassung einer Gesellschaft, sondern nach der aktiven Rolle, die Bürgerinnen
und Bürger in ihr spielen können. Nicht als »Staats«-Bür-
ger und erst recht nicht als Angehörige eines Bürgertums
im Sinne einer besonderen sozialen Klasse;[73] eher im Sinne
einer universellen Neigung und Verpflichtung zu »moralischer Geselligkeit«.

Die modernen Theorien einer bürgerlichen Gesellschaft haben sich in der europäischen »Sattelzeit« (Rein-
hart Koselleck) zwischen 1750 und 1850 entfaltet. Von den
schottischen Aufklärern wie Adam Smith, Adam Ferguson
und John Millar über Kant bis zu Hegel stellten sie nicht die
Kontinuität politischer Bürgerschaft seit der klassischen Antike in den Vordergrund, sondern betonten ihre Erfahrung
des Neuen. Die ständische Gesellschaft löste sich auf, die
bürgerliche Gesellschaft wurde in Umrissen erkennbar. Damit war eine Ordnung gemeint, in der das Individuum sich
aus vielerlei Bindungen, aus geburtsmäßigen Zugehörigkeiten und korporativen Identitäten löste, die zugleich Herrschaft und Wirtschaft traditionell reguliert hatten. Emanzipation aus diesen Bindungen, damit Freiheit zum eigenen,
selbstbestimmten Handeln, »Mündigkeit«: das war ein ge-
meinsamer Nenner dieser Theorien, auf die auch zweihundert Jahre später kein Konzept einer Bürgergesellschaft verzichten kann. Noch lange sollte dieses Versprechen nicht für
alle gelten; es blieb – ausgesprochen oder nicht – an Voraussetzungen der Bildung und der ökonomischen »Selbst-

ständigkeit«, also eines gewissen Besitzes gebunden; zudem an das männliche Geschlecht und (in einer Zeit weiter Verbreitung der Sklaverei) an die persönliche Freiheit. Innerhalb dieses Kreises aber sollten gleiche Rechte gelten, und die Möglichkeit seiner Ausdehnung, schließlich seiner Universalisierung war später nicht ausgeschlossen.

Diese bürgerliche Gesellschaft war prinzipiell – am schärfsten hat Hegel das formuliert – vom Staat unterschieden; sie war die Sphäre, in der die dazu berechtigten Menschen nach ihrem individuellen Erfolg strebten statt für das gemeine Beste zuständig zu sein, das für Hegel in die Zuständigkeit des Staates fiel. Gerade auch in der schottischen Aufklärung stand damit der Markt einer frühkapitalistischen, in England auch schon frühindustriellen Gesellschaft im Zentrum der bürgerlichen Aktivitäten. Der »pursuit of happiness«, von dem in der amerikanischen Unabhängigkeitserklärung die Rede war, sollte sich nicht zuletzt in den Geschäften, in der Mehrung von Einkommen und Vermögen auf frei zugänglichen und wettbewerblich organisierten Märkten vollziehen. Daneben trat auch das öffentliche »Räsonnement«; man traf sich zu Gedankenaustausch und Debatte und schloss sich auf freiwilliger Basis in Clubs und Vereinen zusammen. Aber die klassische liberale Theorie der Bürgergesellschaft, die in den Jahrzehnten um 1800 formuliert wurde, ging doch markant von einem ebenso individualistischen wie marktorientierten Leitbild aus.

Hinter den Gewinn, den der Individualismus im Sieg über korporative Abhängigkeit brachte, führt prinzipiell kein Weg mehr zurück, und die allermeisten würden das gleiche für die grundsätzlichen Vorzüge einer marktförmigen Wirtschaft mit Eigentums- und Vertragsfreiheit sagen. Bis heute sind das die Eckpfeiler liberaler Konzepte der Bürgergesellschaft geblieben, wie sie in den letzten Jahrzehnten etwa von Ralf Dahrendorf (1929-2009) vertreten wurden. Doch haben nachdenkliche Liberale wie Dahrendorf auch sehr klar verspürt, dass die Bürgergesellschaft in den individuellen Bewegungsfreiheiten des Einzelnen nicht aufgeht; in seinen Chancen und Handlungsoptionen alleine keinen Zusammenhalt und keine Berechtigung finden kann. Dahrendorf hat deshalb schon vor dreißig Jahren ein umfassendes Konzept der »Lebenschancen« vorgeschlagen, in dem den »Optionen« der Freiheit Bindungen an die Seite gestellt werden, die von ihm als »Ligaturen« bezeichnet werden.[74] Seine Diagnose ist zunächst die der klassischen liberalen Theorie: Die bürgerliche Gesellschaft hat die ständischen Bindungen aufgelöst, hat unbefragte Zugehörigkeiten fragwürdig werden lassen; in den bekannten Worten von Marx: »alles Stehende verdampft«. Aber kann eine Gesellschaft dauerhaft ohne Bindungen, Verpflichtungen, Zugehörigkeiten existieren; kann sie sich auf Rationalität, heroischen Individualismus oder die universelle Geltung des »cash nexus« – also die Ökonomisierung aller Lebensbereiche gründen? Zu den Lebenschancen in der Bürgergesellschaft gehören deshalb tiefe Bindungen, »innerhalb derer Optionen Sinn ergeben«, auch (und gerade) unter modernen Verhältnissen unabdingbar dazu. »Ligaturen sind also tiefe kulturelle Bindungen, die Menschen in die Lage versetzen, ihren Weg durch die Welt der Optionen zu finden.«[75]

In diesen Ligaturen konstituiert sich für Dahrendorf sogar erst eigentlich die Bürgergesellschaft als eine besondere Sphäre. Denn man kann die Entstehung der Moderne nicht nur so deuten, dass sie Individualismus an die Stelle ständischer Bindungen gesetzt hat. In der liberalen Theorie spielt die Fiktion eines Naturzustandes, der durch einen »Gesellschaftsvertrag« überwunden wird, eine wichtige Rolle – von Thomas Hobbes über John Locke zu Jean-Jacques Rousseau. Der Gesellschaftsvertrag selber schafft und begründet also die Bindungen, die charakteristisch für eine moderne Bürgergesellschaft sind – und die zuvor gerade nicht existierten! »Der Gesellschaftsvertrag«, so noch einmal Dahrendorf, »beendet den Krieg aller gegen alle, indem er Ligaturen, Bezüge stiftet.«[76] Welche Bindungen damit konkret gemeint sein könnten, wird leider kaum ausgeführt. Es ist von »Zugehörigkeiten zu Familie und Gemeinde, Traditionsgruppe und Kirche« die Rede. Die Religion nennt Dahrendorf sogar ausdrücklich, da in diesem Wort der Stamm des lateinischen Verbs »ligare«, binden, enthalten ist.

Unter den Ligaturen kann man also einen für freiheitliche Gesellschaften unverzichtbaren »sozialen Kitt« verstehen, der ganz unterschiedliche Formen annehmen kann, immer aber etwas mit Institutionen der Vergemeinschaftung zu tun hat, aus denen man nicht ganz so leicht austreten kann (oder will) wie aus einem Verein; nicht wegen rechtlicher Hindernisse, sondern wegen einer besonderen Tiefe der moralischen und kulturellen Bindung an diese Gemeinschaften. Das ist ein faszinierender Gedanke, dessen Ansätze übrigens ebenfalls schon in der Theorie des 18. Jahrhunderts zu finden sind. Gerade die schottische Aufklärung war ebenso sehr Theorie des »Besitzindividualismus« wie Moralphilosophie; Adam Smith schrieb bekanntlich nicht nur den »Wohlstand der Nationen«, sondern auch eine »Theorie der moralischen Gefühle«, jener grundlegenden Empathien, die die Menschen wie mit sozialem Kitt aneinander binden.[77] Und doch befriedigt Dahrendorfs Modell nicht ganz, weil es dazu neigt, die Ligaturen gerade nicht als ein spezifisch modernes Bindemittel der Bürgergesellschaft zu interpretieren, sondern als ein (notwendiges) Relikt der vorbürgerlichen Gesellschaft; als traditionelle Bindungen, vor deren Zerstörung durch die Moderne wir uns hüten müssen: Familie, Traditionsgruppe, Kirche. Damit erhält auch die Religion einen berechenbaren, konventionellen Platz: Überbleibsel einer früheren Zeit, mögen uns diese Traditionen auch bis auf weiteres unverzichtbar sein.

An dieser Stelle hilft ein Blick auf einen anderen Klassiker der liberalen Bürgergesellschaft weiter, den auch Dahrendorf sehr schätzt: Alexis de Tocqueville. Bekanntlich bereiste der französische Adlige zu Beginn der 1830er Jahre die noch jungen Vereinigten Staaten von Amerika und legte seine Eindrücke in zwei Bänden »Über die Demokratie in Amerika« nieder – konkret und anschaulich ebenso wie grundsätzlich. Was Tocqueville vor allem beeindruckte, war die Gleichheit der (weißen) amerikanischen Gesellschaft und ihre von den europäischen Monarchien eklatant unterschiedene Fähigkeit zur »Selbstorganisation«, so würden wir heute sagen. Die Gleichheit und die Demokratie bildeten eine ganz eigene, alle Bereiche der Gesellschaft – Sprache, Wirtschaft, alltägliche Lebensformen – durchdringende Kultur und Mentalität aus, in der die soziale Zusammengehörigkeit ebenso wichtig war wie der Individualismus. Die Amerikaner hatten sich nicht von Bindungen befreit, sondern im Gegenteil: ihre Fähigkeit, sich zu assoziieren und daraus Stärke zu gewinnen war derjenigen der ständisch-monarchisch verfassten Europäer überlegen. In aristokratischen Gesellschaften, so Tocqueville vor allem mit Blick auf England und Frankreich, müssten sich die Menschen zum gemeinsamen Handeln gar nicht zusammenschließen. »Aber in demokratischen Völkern sind alle Bürger unabhängig und schwach. Sie können kaum etwas für sich tun, und keiner von ihnen hat die Position, seine Mitbürger zur Hilfe zu zwingen. Sie wären also allesamt hilflos, würden sie nicht lernen, sich gegenseitig freiwillig zu helfen.«[78]

Man kann gar nicht genug hervorheben, dass Tocqueville die unabhängigen Individuen der freien, gleichen, marktwirtschaftlich organisierten Gesellschaft hier nicht als »starke« Individuen, sondern unter diesem entscheidenden Gesichtspunkt als »schwach« kennzeichnet. Die Antwort einer sozialen Stärkung ist aber eben nicht der Rückgriff auf ältere Traditionen, Hierarchien, Bindungen. Die Fähigkeit, sich zur individuellen wie gesellschaftlichen Stärkung zusammenzuschließen, zu assoziieren, ist vielmehr eine spe-

zifisch moderne Leistung. Die »Ligaturen« sind also eine Innovation der freien und gleichen Bürgergesellschaft, keine
vormodernen Überbleibsel, die auf dem Wege weiterer Modernisierung und Individualisierung wegrationalisiert werden müssten. »Ein Volk, in dem die Einzelnen die Fähigkeit zur selbstständigen Durchführung größerer Vorhaben
nicht mit der Fähigkeit verbinden, sie gemeinsam zu voll-
bringen, würde bald in die Barbarei zurückfallen.«[79] »Barbarei«, das meinte in der Theorie der bürgerlichen Gesellschaft schon länger das schlimme, unzivilisierte Vorstadium
der bürgerlichen Zivilisation. Die Amerikaner hätten es gelernt, dauernd und für jeden denkbaren Zweck des bürgerlichen Lebens »associations«: Vereine, Gesellschaften, organisierte Verbindungen zu gründen.

Natürlich hatten das zu dieser Zeit auch die Europäer längst zu entdecken begonnen. Der Organisationstyp
der »Assoziation« löste zu Tocquevilles Zeit, die man für
Deutschland den »Vormärz« nennt, mit Vehemenz den Typ
der ständischen »Korporation« ab; das bürgerliche Zeitalter
formierte sich als ein Zeitalter der Geselligkeit, in die übrigens die Religion ganz selbstverständlich einbezogen war.[80]
Amerika ist nur der Idealtyp, vor dem sich die Perspektive
Tocquevilles allgemein entfaltet. Zu ihr gehört die Erinnerung an den Zusammenhang von Freiheit und Gleichheit,
den schon die griechische Demokratie unter dem Begriff
der »Isonomie« kannte: Soziale Unterschiede im Ergebnis
sind möglich, aber alle müssen unter möglichst gleichen
Voraussetzungen, als Teil einer egalitären Gemeinschaft an-
treten können. Hierarchien und Ausschlüsse stehen der modernen Bürgergesellschaft prinzipiell entgegen. Zugleich
rückt Tocqueville die bürgerliche Gesellschaft enger an den
Staat, an die politische Gemeinschaft heran, als das in der
europäischen Denkweise sonst üblich war. Die Vielfalt der
Vereinigungen in Amerika, so beobachtet er, dient weder
primär politischen noch vorwiegend kommerziellen Zwe-

cken, sondern es gibt »tausend verschiedene Typen — religiös, moralisch, ernsthaft und sinnlos, sehr allgemein, sehr speziell«.[81] Aber sie markieren keinen Raum der bewussten Staats- oder Politikferne, sondern bilden in einem umfassenden Sinne, der so nur unter demokratischen Verhältnissen möglich ist, einen Teil des politischen Gemeinwesens. Wir würden heute wohl sagen: Sie gestalten Demokratie als Lebensform.

Die Bürgergesellschaft ist damit zugleich mehr als nur eine abstrakte Idee. Sie bezeichnet mit ihren Vereinen und Verbänden einen institutionellen und organisierten Raum der modernen Gesellschaft, der in der politischen Soziologie, etwa bei M. Rainer Lepsius, als der Bereich der »intermediären Institutionen« gekennzeichnet wird. Im weitesten Sinne gehört dazu der gesamte Bereich der bürgerschaftlichen Selbstorganisation: die nicht vom Staat geschaffenen, nicht von ihm kontrollierten Institutionen, ohne die eine Demokratie bestenfalls eine formale Hülle wäre. Im engeren Sinne sind damit jene Organisationen gemeint, die wie Parteien und Interessenverbände auch explizit beanspruchen, auf die Richtung des Gemeinwesens Einfluss zu nehmen. »Demokratie«, so hat Lepsius pointiert (und nicht zuletzt vor dem Hintergrund der deutschen Geschichte) formuliert, »ist eine politische Ordnung, die durch intermediäre Strukturen Interessenpluralität und öffentliche Konfliktaustragung ermöglicht und individuelle Freiheitsräume institutionell sichert. Das nationalsozialistische und das kommunistische Regime befestigten ihre Machtmonopole durch die Auflösung intermediärer Strukturen und die Zwangshomogenisierung der Gesellschaften.« Das Individuum verliere dadurch nicht nur seine politischen Freiheitsrechte; auch »moralische Indifferenz« sei die Folge.[82] Ob die Gesellschaft eine staatliche Veranstaltung ist oder von autonomen, konkurrierenden Gemeinschaften wesentlich mitgestaltet wird, macht also nicht nur einen formalen, sondern einen politischen und möglicherweise sogar »moralischen« Unterschied.

Damit ist die ungemein spannende, aber auch sehr schwierige Frage nach der besonderen Fähigkeit der Bürgergesellschaft zur Produktion eines »moralischen Mehrwerts«, zur Generierung von Altruismus und Gemeinwohl angesprochen. In der klassischen liberalen Sicht von demokratischem Staat und pluralistischer Gesellschaft verhält es sich so: In einer freien und zugleich ökonomisch ausdifferenzierten Gesellschaft gibt es unterschiedliche Interessen, die sich organisieren und artikulieren und damit die politische Willensbildung zu beeinflussen suchen. Der Einzelne muss nicht an das Gemeinwohl denken; aus der Konkurrenz und Bündelung der Eigeninteressen ergibt sich eine Mehrheit und damit eine empirische Richtung politischer und sozialer Entwicklung. Diese Vorstellung, pointiert etwa in den »Federalist Papers« der amerikanischen Verfassungsdebatte von 1787/88 entwickelt, dominierte zumal die bundesrepublikanische Wissenschaft und Öffentlichkeit bis in die 8oer Jahre. Denn nach preußischem Obrigkeitsstaat und nationalsozialistischer Diktatur sollten die Deutschen lernen, von der Chimäre eines überparteilichen, letztlich vom Staat autoritär reklamierten Gemeinwohls Abschied zu nehmen. War der Anspruch einzelner Gruppen, Verbände oder Parteien, den objektiv guten und richtigen Weg für alle erkannt zu haben, nicht Anmaßung und Ideologie? Eine Gewerkschaft oder ein Bürgerverein mochten im Endeffekt nützlich für die ganze Gesellschaft sein – aber nur, weil sie ihre eigenen Interessen verfolgten.

In letzter Zeit hat sich jedoch ein folgenreicher Perspektivwechsel angebahnt. Hinter die liberale Grunderkenntnis führt prinzipiell kein Weg zurück – aber die Frage, ob man moralische und gemeinwohlorientierte Gesinnung und soziale Praxis nicht doch ernster nehmen müsse und worin sie ihren Ursprung habe, wird häufiger gestellt, nicht nur in Deutschland. Im 19. Jahrhundert stiegen weltweit soziale Bewegungen auf, die sich auf einen humanitären Impuls beriefen und sich nicht das eigene Wohl, sondern die Hilfe für Dritte auf die Fahnen schrieben. Man kann an die weißen Mittelschichtfrauen denken, die sich in den USA für die Befreiung der afro-amerikanischen Sklaven engagierten, oder an bürgerliches Engagement in der »sozialen Frage« während der Industrialisierung. Die moderne Gesellschaft, vielleicht gar der Kapitalismus, erzeugte nicht bloß Eigeninteressen, sondern – wie der amerikanische Historiker Thomas Haskell argumentierte – auch eine besondere humanitär-moralische Empfindsamkeit, die sich in der bürgergesellschaftlichen Interessenformierung praktisch artikulierte.[83] Das jüngere Interesse an der Zivilgesellschaft und die Beobachtung, dass viele Bürgerinnen und Bürger sich uneigennützig engagieren – materiell oder sozial, als Stifter und Spender von Geld ebenso wie als »Spender« von eigener Zeit und sozialer Zuwendung –, hat eine neue Debatte über das »Gemeinwohl« ausgelöst, das als ein eigenständiger und unverzichtbarer Faktor des gesellschaftlichen Zusammenhalts gilt. Sein konkreter Ort ist die Bürgergesellschaft als Sphäre jenseits der interessendominierten Räume von Markt und Staat.[84]

Eine grundlegende Erklärung dieses moralischen Kerns sozialen Verhaltens in modernen Gesellschaften hat schon vor etwa hundert Jahren der französische Soziologe Emile Durkheim angeboten. Sein Menschenbild ist nicht liberal-individualistisch; er sieht die Gesellschaft zusammengehalten durch einen Kern moralischer Überzeugungen, der sich auf Rationalität und Nutzenerwägungen nicht reduzieren lässt. Gesellschaft wird auch (und erst recht) in der Moderne nur dadurch möglich, dass die Einzelnen – in der Erziehung, während Kindheit und Jugend – einen Bestand moralischer Regeln erwerben, der solidarisches, gemeinwohlorientiertes Handeln, die Fähigkeit zur Sorge für andere, zu Mitleid und Empathie ermöglicht. Dieser moralische Kern hat für Durkheim geradezu religiöse Qualität: er ist »heilig« im Sinne von unangreifbar, fraglos geteilt. Und das ist mehr als eine Metapher. Die soziale Moral gründet vielmehr, auch historisch, in religiösen Verhaltenskontexten und kann diese Herkunft in modernen Gesellschaften nicht verleugnen. »Da die Moral überall in der Geschichte gleichsam von Religiosität geprägt auftritt, ist es ausgeschlossen, dass sie diesen Charakter völlig verliert, andernfalls würde sie aufhören, sie selbst zu sein. (...) Die Moral wäre nicht mehr Moral, wenn sie nichts Religiöses mehr an sich hätte«.[85]

Man sollte Durkheim nicht als Alternative zu einer individualistischen und rationalen Anthropologie lesen, sondern als Ergänzung dazu. Eigennutz alleine erklärt nicht alles; mit Durkheim wird die Bürgergesellschaft als moralische Verpflichtung auf gesellschaftlichen Zusammenhalt lesbar und eine wesentliche Triebfeder des Altruismus benannt. Woher kommt die Zustimmung zur freiheitlichen Demokratie? Im demokratischen Staat kann eine entsprechende Gesinnung nicht erzeugt werden, so hat Ernst-Wolfgang Böckenförde in seinem schon erwähnten Diktum festgehalten: »Der freiheitliche, säkularisierte Staat lebt von Voraussetzungen, die er selbst nicht garantieren kann. Das ist das große Wagnis, das er, um der Freiheit willen, eingegangen ist.«[86] Keineswegs zufällig steht diese Beobachtung am Ende einer Analyse des säkularisierten Staates. Die Zustimmung zur Demokratie muss aus der Gesellschaft kommen, aber sie kann dort nicht beliebiges Resultat von Interessen sein – ihr haftet also, Durkheimisch gesprochen, etwas »Heiliges« an.

Sind Religion und Bürgergesellschaft also nicht nur durch manche Brücken verbunden, sondern geradezu zwei Seiten derselben Medaille? Da ist eine Portion Skepsis angeraten – es ist sogar die Frage, ob man der Religion einen Gefallen tut, wenn man sie als Platzhalter von Moralsolidarität und demokratischer Gesinnung in der Moderne einsetzt. Zum einen lässt sich die Quelle von Empathie, die Erzeugung von moralischem Überschuss auch mit eher liberalen, interessenorientierten Ansätzen ein ganzes Stück weit erklären; wenn man überhaupt der Ansicht ist, dass Moral und Gemeinsinn nötig sind, um moderne Gesellschaften integriert und auf freiheitlichem Kurs zu halten. Zum anderen wird die religiöse Qualität, das Sakrale und Heilige der Moral damit so verallgemeinert, dass sie sich von jeder wirklichen Religion ablösen muss und diese vielleicht sogar verzichtbar macht. Denn Durkheim und Böckenförde meinen ja nicht, dass eine bestimmte Glaubensüberzeugung, Religionsgemeinschaft und kirchliche Autorität die moralischen Verbindlichkeiten vorgibt. Ob in einer primär jüdischen, christlichen oder islamischen Umwelt: Wo dies der Fall ist, kann von Moderne nicht gesprochen werden und nicht von freier Bürgergesellschaft. Und die gesellschaftliche Moral wird dann zu einer Art zivilen Ersatzreligion, zu einer »Zivilreligion«, wie sie vorhin schon diskutiert worden ist.

Seine charakteristische Konsequenz hat auch Jürgen Habermas aus der religiösen Überfrachtung sozial-moralischen Zusammenhalts gezogen. Was Durkheim als essentiellen Kern auch moderner Bürgergesellschaft beschrieb, ist für Habermas nur eine historische Situation, die der Moderne nicht mehr standhält: die Kraft des »Heiligen«, Konsens zu stiften und moralische Ressourcen zu erzeugen, geht verloren. Mit Max Weber sieht der Frankfurter Philosoph vielmehr eine Entzauberung am Werk, die sich »auf dem Wege einer Versprachlichung des rituell gesicherten normativen Grundeinverständnisses« vollzieht. An die Stelle der religiös geschützten Ursprungsnormen tritt in modernen Gesellschaften die Normierung durch den Konsens der Staatsbürger, die sich im Austausch der Argumente, in der diskursiven Praxis, im »kommunikativen Handeln« entfaltet.[87] Damit freilich werden – wie der Sozialtheorie

Habermas' häufig vorgeworfen worden ist – die vorrationalen Motive von sozialer Empathie und Gemeinsinn nahezu vollständig wegdefiniert; allein die Rationalität der sprachlichen Kommunikation soll die »Ligaturen« der Moderne, um noch einmal Dahrendorfs Begriffs zu verwenden, tragen können. Und doch erkennt auch Habermas ein integratives Moment der Moral unter modernen Bedingungen, das aus ihrer Affinität zur Religion herrührt: »Der Moral haftet noch etwas von der penetrierenden Kraft sakraler Ursprungsmächte an; sie durchdringt die inzwischen ausdifferenzierten Ebenen von Kultur, Gesellschaft und Persönlichkeit auf eine für moderne Gesellschaften einzigartige Weise.«[88]

Welches vorläufige Fazit lässt sich daraus nun für die Bürgergesellschaft ziehen, für die Notwendigkeit von Bindungen oder »Ligaturen« in der Moderne, schließlich für die Bedeutung von Religion in diesem sozial-moralischen Feld? Unsere Überlegungen haben sich zuletzt zu der Frage verschoben, ob dem integrativen Kern der Bürgergesellschaft selber eine religiöse Qualität innewohnt. Zunächst ging es jedoch darum, Elemente der Bürgergesellschaft zu definieren, um den möglichen Platz von Religion in ihr – neben vielen anderen Ideen, Institutionen, Ordnungsmächten – genauer bestimmen zu können. An erster Stelle sind (a) *Freiheit und Gleichheit* als fundamentale Existenzbedingungen der Bürgergesellschaft zu nennen. Damit sind Individualismus und Interesse angesprochen, die Autonomie auch im demokratischen Staat, und der Egalitarismus der Teilhabe (im Sinne von Inklusion) ebenso wie die Egalität in der inneren Verfassung ihrer Institutionen. Bürgergesellschaft realisiert sich, mit Tocqueville, (b) in empirischen *sozialen Gemeinschaften*, in einer Vielfalt von Assoziationen, in der Menschen für ihre eigenen und gemeinschaftliche Zwecke zusammenwirken. Im Hinblick auf die Stellung des Bürgers zum Staat prägen sie (c) ein Feld »*intermediärer Institutionen*« (Lepsius),

das gewissermaßen als ein Puffer der unmittelbaren Verein-
nahmung und Homogenisierung der Bürgerinnen und Bürger durch den Staat wirkt. Nach innen verleihen diese Assoziationen (d) einer *sozialmoralischen Verpflichtung* gegenüber
Dritten Ausdruck, ebenso wie sie Medium der Erzeugung
eines *praktizierten moralischen Mehrwerts* der Gesellschaft sind.[89]
Damit schafft die Bürgergesellschaft (e) spezifisch moderne
»*Ligaturen*«, die keine Relikte vormoderner (ständischer, pa-
triarchalischer, korporativer) Bindungen sind.

Ökonomisch gesprochen, »investieren« Menschen bei
ihrem Engagement in die Bürgergesellschaft: Geld, Zeit, soziale Aufmerksamkeit, handwerkliche Fähigkeit – je nachdem, welches Projekt gerade ansteht und welche Mittel dem
Einzelnen zur Verfügung stehen.[90] Doch folgen diese Investitionen, vor allem hinsichtlich der üblichen Erwartung des
»return on investment«, nicht einer Marktlogik. Wohl aber
erzeugen sie »*soziales Kapital*«, denn soziale Beziehungen und
Netzwerke haben einen Wert, der sich sozusagen bei nächs-
ter Gelegenheit realisieren lässt: wenn man jemanden anru-
fen kann, um nach Unterstützung zu fragen; wenn Vertrauen
gefestigt worden ist, auf das man sich in Zukunft verlassen
kann; wenn moralisches Engagement nicht nur sporadisch
ist, sondern sich verstetigt und auch institutionell verfestigt.
Die Arbeiten des amerikanischen Politologen Robert Putnam haben diese Bedeutung des Sozialkapitals für die Bürgergesellschaft besonders deutlich herausgearbeitet.[91]

Die Bürgergesellschaft, schließlich, ist weder die
Summe privater Individuen noch der Vorhof des Staates.
Sie konstituiert, so ist häufig in historischer und sozial-
theoretischer Perspektive gesagt worden, einen für die liberale Moderne charakteristischen Bereich der *Öffentlichkeit*.
Die von Tocqueville beschriebene assoziative Vergesellschaf-
tung lässt sich, wiederum im Anschluss an Jürgen Habermas, auch als Ausdifferenzierung einer bürgerlichen Öffentlichkeit verstehen, die sich außerhalb der privaten Wohnung

trifft, um die »öffentliche Sache« – ganz klassisch gesagt:
die »res publica« – zu besprechen und Argumente darüber
auszutauschen.[92] Dabei liegt der Akzent mehr auf Kommunikation und Diskurs als auf der sozialen Praxis und mehr
auf der Verbindung von Gleichgestellten als auf dem Engagement für Dritte – mit einer Unterscheidung Robert Put-
nams: mehr auf dem sozialen Kapital des »bonding« als des
»bridging«, des sozialen Brückenbauens.[93] Aber die Öffentlichkeit ist auch als Ort der sozialen Praxis der Bürgergesellschaft unverzichtbar – in der Differenz zur Privatsphäre
ebenso wie (was Habermas besonders betont hat) im Unterschied zum interessengeleiteten Handeln des Individuums am Markt.

Darin liegt übrigens für die Religion in der Bürgergesellschaft eine besondere Herausforderung. Denn in ihrem
sakralen und rituellen Kern bezieht sie sich auf ein »Geheimnis«, auf ein Mysterium, dessen Praktiken historisch
und prinzipiell in Spannung zu einer radikalen Öffentlichkeit stehen.[94] Doch vielleicht sollte man ohnehin eher die
Übergangszonen der Öffentlichkeit betonen, gerade im
Hinblick auf die Ressourcen für die Bürgergesellschaft. Die
Generierung moralischer Kraft und Praxis – nennen wir es
ruhig einmal mit dem christlichen Begriff: Nächstenliebe –
speist sich ja ganz wesentlich aus dem »Mysterium«, aus
der transzendenten Dimension, die sich der Kategorie der
Öffentlichkeit ebenso wie der des rationalen Arguments
entzieht.

Ähnliches gilt für das Verhältnis von Öffentlichkeit und
Privatheit.[95] Die Ligaturen der Moderne im allgemeinen, die
Formen des bürgerschaftlichen Engagements im besonderen sind ohne die Verankerung in privaten Lebensverhält-
nissen nicht denkbar. In der Bürgergesellschaft wird das
private Leben transzendiert, aber weder prinzipiell negiert
noch komplett abgestreift. Viele – nicht alle – Formen des
bürgerschaftlichen Engagements könnte man geradezu als

Verlängerung der familiären Sorge und Verantwortung interpretieren: ob es um die Übernahme einer »Patenschaft« für ein Kind in den ärmsten Ländern der Welt geht, um das durch eigene Erfahrungen ausgelöste Engagement im Förderverein der Schule oder um den Einsatz in der Begleitung Sterbender, nachdem man selber die Erfahrung eines Verlustes gemacht hat.[96] Wenn wir heute gerne die Formel verwenden, Familie sei da, wo »langfristig soziale Verantwortung übernommen wird«, dann drückt sich darin nicht nur ein erweitertes Familienbild aus, sondern auch die bürgergesellschaftlich wichtige Überlappungszone von Privatheit und Öffentlichkeit.

Inmitten dieses produktiven Spannungsfeldes steht auf besondere Weise auch die Religion: zwischen der radikalen Privatheit, ja Intimität des Glaubens – und der nicht weniger radikalen Aufforderung, öffentlich zu handeln im Auftrag des Glaubens ebenso wie im Auftrag der Bürgergesellschaft. Sonst wäre Religion nur spirituelle Praxis. So aber ist sie auf keinen Fall: nur Privatsache.

VII. Dimensionen religiöser Ressourcen

Was ist denn der Nutzen der Religion für die Bürgergesellschaft? Bisher standen Fragen nach Grundlagen und Voraussetzungen dieses Verhältnisses unter den Bedingungen der Moderne im Mittelpunkt. Dabei sind die »Möglichkeitsräume« der Religion ausgeleuchtet, die Überlappungszonen etwa im Sinne des Bedarfs nach »Ligaturen« diskutiert worden. Es ging aber auch um die Kriterien, an denen sich »postsäkulare Religion« messen lassen muss; um die Modernisierungsschwelle, die Religion überschreiten muss, damit sie als Teil einer pluralistisch verfassten Bürgergesellschaft ernst genommen werden kann. Wie können sich Religion und Kirche in diesem Raum zur Geltung bringen, in welchen verschiedenen Dimensionen entwickeln sie jenen »Mehrwert« über die transzendentalen und sakralen Binnenfunktionen hinaus, von denen schon die Rede war?

Es kann scheinen, als ob sich die Kirchen selber über die Antwort auf diese Frage nicht hinreichend klar sind. Sie konzentrieren sich auf ihre Kernfunktionen; und wenn es um soziale Effekte geht, dann oft primär um jene im Binnenraum der Kirchen selber. So spricht die EKD-Denkschrift »Kirche der Freiheit« die große Zahl der Ehrenamtlichen: der Sänger in Chören, der Helfer in Gottesdiensten, der Aktiven in ungezählten Projekten und Initiativen an und bilanziert, das freiwillige Engagement sei »ein immenser Schatz der Kirche«.[97] Dass es sich möglicherweise auch um einen »Schatz« für die gesamte, auch die säkulare Gesellschaft, um die Produktion eines Wertes für die Umwelt des Religionssytems handelt, kommt nicht in den Blick. Fehlt es dafür an Selbstbewusstsein? Umgekehrt spielt das diskursive und institutionelle Feld der Religion in der Literatur über Zivil-

und Bürgergesellschaft – jedenfalls für die deutsche Situation kann man das sagen – bisher eine eher geringe Rolle. Die Politikwissenschaft, die Forschungen zum »dritten Sektor« und zu sozialen Bewegungen sind diesem Thema gegenüber, vielleicht aufgrund milieubedingter Vorurteile, eher zurückhaltend gewesen. Das gilt auch für die historische Perspektive, doch beginnt sich in der Geschichtswissenschaft ein neues Interesse an den zivilgesellschaftlichen Leistungen von Religion und Kirchen vor allem seit dem 19. Jahrhundert zu regen.[98]

Dabei sind die möglichen Leistungen und »Mehrwerte« der Religion für die Bürgergesellschaft nicht in einem separaten Raum abzugrenzen. Religion verfügt wohl über einige soziale und moralische Möglichkeiten, die andere Institutionen oder Akteure nicht bieten können – sonst wären sie gleichfalls Religion. Das könnte man für die Ausrüstung mit transzendentaler Alterität sagen, sofern diese psychische Energie für die Gesellschaft freisetzt, oder für die Ausstattung der Gesellschaft mit sakralen Räumen und Ritualen, sofern sie dieser für ihre Selbstverständigung etwa in Krisensituationen bedarf. Meistens handelt es sich aber um solche Leistungen, die prinzipiell auch von anderen »Anbietern« auf dem Markt der Bürgergesellschaft kommen könnten. In den europäischen Gesellschaften hat häufig die historische Tradition die Kirchen in ihre weit ausgreifenden Funktionen eingesetzt, in denen sie bis heute zentrale Positionen behaupten. Jedoch ist das Gewicht dieser Tradition kein lästiger historischer Zufall und gegenwärtiger Störfall, sondern macht die kulturelle Ressource kumulierter Erfahrungen und etablierter Handlungsmuster geltend – etwa in der sozialen Fürsorge –, die ganz voraussetzungslos nicht auf andere Akteure übertragbar wäre.

Überhaupt ist, wie wir schon gesehen haben, auch in einer modern ausdifferenzierten, pluralistischen Gesellschaft die Anzahl der Alternativen zu den sozialen Leistungen und Netzwerken von Religion und Kirche offenbar begrenzt, sofern diese Leistungen nicht unmittelbar von den staatlichen Institutionen übernommen werden. Und manche Alternative, auch das wurde schon angedeutet, ist in den letzten Jahrzehnten so erheblich erodiert, dass auch die neue Konjunktur der Bürgergesellschaft ihr kaum neues Leben einhauchen wird. Das im 19. Jahrhundert entstandene solidarische Netzwerk der Arbeiterbewegung, das sich ja teilweise auch explizit als säkulare Kirchenalternative verstand, ist ganz erheblich geschrumpft und in einem Großteil der alltäglichen lokalen Funktionen, die es auf seinem Höhepunkt im ersten Drittel des 20. Jahrhunderts bereitgestellt hatte, nicht mehr präsent. Für die bürgerliche Vereinskultur des Engagements und der Wohltätigkeit gilt Ähnliches, auch wenn die letzten zwei Jahrzehnte hier einen Regenerationsschub andeuten.

Bei dieser Ausgangslage wäre ein religiöses Triumphgefühl nach dem Motto: »Die Kirchen haben die anderen überlebt!« jedoch ganz fehl am Platze. Die »Rückkehr der Religion« wird zu einigen Positionsgewinnen, aber insgesamt nicht zu einer neuen religiösen Durchdringung, gar einer religiösen Übernahme der Bürgergesellschaft führen. Im Gegenteil – jedenfalls in den meisten europäischen Gesellschaften, auch in Deutschland, stehen die christlichen Kirchen selber unter erheblichem Druck und sind gravierenden Auszehrungsprozessen ausgeliefert. Deshalb lässt sich der Zusammenhang von Religion und Bürgergesellschaft nicht statisch begreifen. Die Frage müsste vielmehr lauten: Wie können die Kirchen auch unter Bedingungen der eigenen Instabilität ihren Beitrag zur Gesellschaft langfristig sichern? Wie müssen sie sich dafür wandeln, welche neuen Angebote müssen sie kreativ entwickeln? – Umgekehrt kann sich die Bürgergesellschaft nicht im Glanze ihrer neuen öffentlichen Beliebtheit ausruhen, sondern muss sich fragen: Welche Lieferanten diskursiver Energie und sozialer Praxis stehen mir auch in zwanzig Jahren noch zur Verfügung, wenn sich die organisierte Landschaft von Vereinen, Verbänden, »intermediären Institutionen«, wenn sich Bereitschaft und Attraktionskräfte des Engagements für die Individuen weiter so rapide verändern wie seit den 70er Jahren? Wenn darauf keine Antworten gefunden werden, erweist sich die Debatte über die Bürgergesellschaft nicht nur für die Religion als ein Rückzugsgefecht. Nach vielen Studien der letzten Jahre über ehrenamtliches Engagement, auch über Werthaltungen der Jugendlichen gibt es keinen Anlass zu übertriebener, gar kulturpessimistischer (»früher war alles besser«) Sorge. Aber man darf schon fragen, welchen moralischen Mehrwert und welche handlungspraktischen Konsequenzen für *Dritte* sich aus jenen neuen elektronischen Kommunikationsformen ergeben, die sich auch selber unter dem anspruchsvollen Begriff der »sozialen Netzwerke« – Facebook, StudiVZ und Co. – vermarkten.

Eine gründliche, historische und systematische Bearbeitung des Zusammenhangs von Religion und Bürgergesellschaft, die am besten noch in internationaler und interreligiöser Perspektive zu erfolgen hätte, steht noch aus und kann hier selbstverständlich nicht geboten werden. Noch nicht einmal eine stichwortartige empirische Bestandsaufnahme ist hier das Ziel. Es geht vielmehr nur darum, mit einigen Strichen und Stichworten die Vielfalt der Dimensionen anzudeuten, in denen Religion ihre Leistungen für die Bürgergesellschaft heute entfaltet. Auf eine einzige »Basisfunktion« lässt sich dieser Beitrag jedenfalls nicht reduzieren. Man könnte sagen, dass die Überlappung von Religion und Bürgergesellschaft von der konstitutiven Dimension des Individuums bis an die Grenze des politischen Raumes reicht, an der die Bürgergesellschaft den Staat prägt und herausfordert. So lassen sich die folgenden Dimensionen gewissermaßen »von innen nach außen«, in einem Modell konzentrischer Kreise, nennen.

Erstens benötigt die Bürgergesellschaft individuelle Akteure, die sich durch persönliche Stärke, eine aktivistische Lebenshaltung und die Fähigkeit zu moralischer Empathie auszeichnen. Damit sind fraglos allgemeine Erziehungsziele benannt, auf die man sich unter ganz unterschiedlichen Wert- und Glaubensvoraussetzungen relativ mühelos einigen kann. Ein solches Modell der aktiven und sozial verantwortlichen Lebensführung kann sich aus verschiedenen Quellen speisen. Ob der Staat – auch der demokratische Staat – diese Werte unmittelbar zur Verfügung stellen kann, ist aus guten Gründen mindestens sehr umstritten. Aber selbst wenn das eine Option unter anderen wäre, hat die religiöse Prägung eines solchen Ideals der Lebensführung in der westlichen Geschichte eine besonders tiefe und nachhaltige Wirkung entfaltet. Dafür gibt es mehrere Gründe. Im allgemeinsten Sinne ist für die meisten religiösen Glaubenssysteme ein Moment der Selbstrelativierung grundlegend, das sich schon aus der Differenz zwischen Menschlichkeit und Göttlichkeit ergibt. Diese Selbstrelativierung führt zugleich auf eine elementare Anerkennung des Anderen, der Gott so gegenübersteht wie ich selber. In der jüdisch-christlichen Tradition ist daraus in spezifischerer Weise ein Menschenbild erwachsen, das sich im Dreieck der Gottesebenbildlichkeit des Menschen, der Arbeit am Selbst und der Bearbeitung der Welt einschließlich der Sorge für Andere konstituiert.

Man hat das Christentum, vor allem den Protestantismus, häufig als eine Technik der Selbstdisziplinierung beschrieben, und die protestantische Übersteigerung eines Ethos von Arbeit und Pflichterfüllung hat nicht nur Individuen Schaden zugefügt. Auf der anderen Seite bildet die religiöse Motivation, auch in anderen monotheistischen Religionen, offensichtlich eine starke Wurzel für die Bereitschaft, Verantwortung für andere zu übernehmen. Religiös unterfütterte Lebensführung – selbst wenn sie diese Herkunft, wie heute häufig, nicht mehr ausdrücklich zu erkennen gibt – bezieht die Arbeit am Selbst nicht (nur) auf eine individuelle Erfolgs- und Glücksmaximierung, sondern wendet sie nach außen, und im transzendentalen Bezug auch auf den konkreten Anderen in der Gesellschaft: Hinwendung zu Gott ist in jeder nicht »weltflüchtigen« Lebensführung eine Hinwendung zum Menschen. So stellt die Religion Grundüberzeugungen und Werthaltungen zur Verfügung, deren Resultat ein nicht weiter hinterfragbarer moralischer Mehrwert und sozialer Überschuss sein kann, auf den die Bürgergesellschaft unbedingt angewiesen ist. Rationale und utilitaristische Erwägungen alleine würden wahrscheinlich nicht ausreichen, um sie zu stabilisieren. Moralische Gefühle etwa des Mitleids können auch in anderen als religiösen Kontexten entstehen. Aber die religiöse Tradition hat sich als eines der wirkungsvollsten Medien erwiesen, diesen Gefühlen nicht nur einen Sinn, sondern auch eine praktische Handlungsorientierung zu geben.[99]

Zweitens haben religiöse Tradition und kirchliche Institutionen ein Modell zur Verfügung gestellt, moralische Verpflichtung auf eine engere soziale Kerngruppe zu projizieren und deren Grenzen zugleich universalistisch zu überwinden. Was ist damit gemeint? Mit allen anderen Menschen solidarisch zu sein, sich ihnen über räumliche Distanz und kulturelle Verschiedenheit als Brüder und Schwestern verbunden zu fühlen, ist viel verlangt und liegt nicht unbedingt in der Natur des Menschen. Jedenfalls, so hat Benjamin Nelson es beschrieben, war es ein langer Weg des Zivilisationsprozesses, der aus der scharfen Grenze zwischen der Solidarität in der »Clan-Kameradschaft« und der Feindschaft nach außen eine universelle Gesellschaft gemacht hat, in der auch dem Fremden mit Empathie begegnet werden kann.[100] Eine klassische Erklärung dafür ist der Aufstieg von Markt und Kapitalismus: Der Wunsch, mit dem anderen auch morgen noch Geschäfte zu machen, führt zu einer moralischen Zivilisierung der Sitten im Umgang mit dem Fremden, der immer dieser Partner am Markt sein könnte. Doch erklärt das nicht genug. Längst vor dem Durchbruch der Marktgesellschaft haben religiöse Gegenentwürfe zur weltlich-politischen Ordnung deren Kriterien von Zugehörigkeit, von Inklusion und Exklusion, oft radikal in Frage gestellt – das war schon die Erfahrung des frühen Christentums im Römischen Reich.

Hier bildete sich auch eine charakteristische Doppelstruktur von Binnengruppe und tendenziell universeller Gemeinschaft heraus, die bis heute für die praktischen Mechanismen sozialen Engagements grundlegend ist. Auf der einen Seite steht die enge emotionale und moralische Vergemeinschaftung einer Kerngruppe, die sich mit ihren Werten von der Umwelt abhebt wie im Falle der frühchristlichen Ortsgemeinde.[101] Auf der anderen Seite wird das moralische Gefühl, und auch das praktische soziale Handeln, auf eine universelle Gemeinschaft angewendet und in universelle moralische Empathie und universellen Altruismus überführt. Eine örtliche »amnesty«-Gruppe, die sich für ihr persönlich völlig fremde politische Gefangene einsetzt, folgt diesem Prinzip ebenso wie die Johannitergruppe, die ihre Freizeit miteinander verbringt und im nächsten Augenblick einem fremden Menschen lebensrettende Hilfe leistet. Der Mechanismus der Übertragung von Solidarität aus der »Binnengruppe« in die »Welt«, in zivilgesellschaftliches Engagement, funktioniert offenbar noch in hohem Maße. Dabei spielt die religiöse Motivation und kirchliche Bindung eine nachweislich wichtige Rolle. So hat der »Religionsmonitor« festgestellt, dass sich »Hochreligiöse« sehr viel häufiger, in Deutschland zu 43 %, ehrenamtlich engagieren, während der Anteil der Engagierten bei den »Religiösen« 26 % und bei den »Nicht Religiösen« nur 19 % beträgt. »Eine hohe Religiosität ist somit eine zivilgesellschaftliche Ressource.«[102]

Religiöse Motivation und Kirchenbindung muss man freilich unterscheiden, so wie die Religionssoziologie zwischen Religiosität und Kirchlichkeit differenziert. Die ersten beiden Punkte zielten auf den Zusammenhang von
Religiosität und Moralproduktion, sozialer Verantwortung
und praktischem sozialem Engagement. Doch der Begriff
der »Gemeinde« führt bereits ins Zentrum der kirchlichen
Strukturen, oder allgemeiner (und den nichtkirchlich verfassten Islam einschließend): der institutionellen und organisierten Religiosität. *Drittens* also geht es, auch weit über
die Gemeinde hinaus, um den bürgergesellschaftlichen
Wert sozialer Netzwerke oder Infrastrukturen. Ob die tra-
ditionellen kirchlichen Strukturen der Ortsgemeinde in
Zukunft noch die Funktion einer engeren moralischen Gemeinschaft erfüllen können, ist offen – in den USA offenbar leichter als in europäischen Ländern wie Deutschland.
Hans Joas stellt fest, »wie sehr die Unterschiede im frei-
willigen sozialen Engagement zwischen den beiden Ländern mit der unterschiedlichen Rolle der Kirchengemeinden zu tun haben«.[103] Mit anderen Worten, aktive und sich
als Gemeinschaft erlebende Gemeinden als »Kerngrup-
pen« induzieren auch ein intensiveres soziales Engagement
als »benefit« für die Gesellschaft insgesamt. Skeptisch ver-
gleicht Rolf Schieder, für die Amerikaner sei die Kirchen-
gemeinde »das soziale Netzwerk schlechthin«, während
die Kirchengemeinden in Deutschland »die Funktion als
soziales Sicherungssystem schon lange verloren« – nämlich an den Staat abgegeben haben.[104] Möglicherweise ist
dieses Urteil zu skeptisch (vielleicht auch zu sehr durch
die Perspektive einer säkularisierten Großstadt wie Berlin
geprägt), denn die typische Ortsgemeinde ist für ihre Aktiven immer noch ein Kohäsionszentrum und Fokus eines
weiten Spektrums sozialer Netzwerkaktivitäten, von Jugendgruppen über den »Eine-Welt-Laden« bis zur Kran-
kenbetreuung.

Das organisatorische Netzwerk der sozialen Aktivitäten im kirchlichen Raum geht jedoch über die Gemeinden weit hinaus und umfasst ein weites Spektrum der karitativen, sozialen, medizinischen und pädagogischen Einrichtungen in der Trägerschaft der Kirchen oder im Rahmen der großen kirchlichen Träger sozialer Leistungen, dem evangelischen »Diakonischen Werk« und der katholischen »Caritas«. Die »Sozialholding« von Diakonie und Caritas bildet »eine wichtige Säule des deutschen Sozialstaatskorporatismus«,[105] aber die Perspektive des verlängerten Arms oder Auftragnehmers des Sozialstaats wäre verkürzt. Die sozialen Verbände der Kirchen lassen sich ebenso als wesentlicher Teil des nicht-staatlichen und nicht-marktlichen »Dritten Sektors« verstehen; und sie sind in historischer Herkunft, Motivation und Funktion überdies ohne eine Perspektive »von unten«, also des »bottom-up«-Engagements religiöser Bürgerinnen und Bürger, schwer vorstellbar. Aus den Anfängen individuellen sozialen Engagements – im deutschen Protestantismus etwa bei Johann Heinrich Wichern, Theodor Fliedner oder Friedrich von Bodelschwingh – haben sie sich ja erst allmählich zu den organisatorischen Imperien verdichtet, die sie heute darstellen. In der lockerer strukturierten sozialreligiösen Wohlfahrtslandschaft der USA ist die Herkunft aus diesem selbstorganisierten »benevolent empire«, wie man dort schon im 19. Jahrhundert sagte, noch deutlicher ablesbar.

Die bürgergesellschaftliche Funktion dieser religiös-kirchlichen Sozialinfrastruktur geht über die Tatsache, dass in ihr selbstorganisierte soziale Leistungen für Dritte zur Verfügung gestellt werden, hinaus. Das kann man am Bildungssegment dieses Netzwerkes erkennen, das seit den 90er Jahren in überraschender Weise boomt und expandiert. Schulen in kirchlicher Trägerschaft werden von den Eltern typischerweise häufiger nachgefragt als staatliche Schulen, und besonders in Ostdeutschland sind seit der Wiedervereinigung kirchliche Schulen in großer Zahl neu oder wieder gegründet worden; ein Ende dieses Booms ist noch nicht abzusehen. Zum Teil folgt er einer Strategie der sozialen Unterscheidung und Exklusivität; und natürlich spielt auch das Interesse vieler Eltern an einer religiösen Erziehung, die sie an staatlichen Schulen (zumal in Ostdeutschland) vernachlässigt sehen, eine Rolle.

Der wichtigste gemeinsame Nenner dürfte jedoch in bürgergesellschaftlichen Erfahrungen und Erwartungen liegen: Dazu gehört die eigene (elterliche) Bereitschaft, sich in den Angelegenheiten der Schule überdurchschnittlich zu engagieren statt dies nur als Dienstleistung vom Staat bzw. seinen Pädagogen zu erwarten. Dazu gehört aber auch die Erwartung (und Erfahrung?), dass die Lehrerinnen und Lehrer an kirchlichen Schulen über ihren allgemeinen Bildungs- und Erziehungsauftrag hinaus einen spezifischen ethischen Impuls in die Schule tragen und in praktisches Engagement umsetzen. Dazu gehört schließlich der Wunsch, der spezifische religiöse Stil der Schule möge für die Kinder einen »moralischen Mehrwert« erzeugen: Er zeigt sich am Ende nicht an der Bibelfestigkeit oder der Häufigkeit der Morgenandachten, sondern an einer moralischen Sensibilität, die in diesem Milieu besonders gefördert und zumal von bildungsbürgerlichen Familien verstärkt und bewusst nachgefragt wird. Die Einübung dieser Werte und Verhaltensformen bleibt an die religiösen Wurzeln zurückgebunden, aber sie dient nicht primär der Einbindung in eine religiöse Gemeinschaft, sondern der Sozialisation in die Bürgergesellschaft.

Viertens hat dieses Netzwerk nicht nur eine abstrakte soziale, sondern auch eine konkrete räumliche Qualität. Die religiöse Infrastruktur der Bürgergesellschaft bietet ein Netz von örtlichen Bezugspunkten, auf die sich soziales Handeln und kulturelle Identität beziehen können. Noch einmal: Das ist kein Privileg oder Spezifikum religiöser Institutionen. Man kann auch an das räumliche Koordinatensystem der

Arbeiterkultur denken: um die Straßenecke der Laden der Konsumgenossenschaft, ein Stück weiter die Gastwirtschaft, in der neben Politik und Alkohol auch soziale Beziehungen und Hilfsleistungen auf den Tisch kommen; drei Bushaltestellen weiter der Sportverein, in dem Väter nach Feierabend dem Nachwuchs Teamgeist und Verantwortungsdenken beibringen. Eine offene Gesellschaft wird davon profitieren, wenn eine Vielfalt solcher Netze den Lebensraum überzieht, wenn sich räumliche Bezüge in diesen Netzen überlappen und durchdringen. Sie wird nicht unbedingt besser fahren, wenn es nur ein einziges solches Netz gibt, das sich zudem in staatlicher Leitung befindet. Auch wenn es sich um Orte mit sozialen Funktionen handelte, könnte man von einem Netzwerk der Bürgergesellschaft dann gar nicht mehr sprechen.

Das Netz der kirchlichen und religiösen Orte ist, im Vergleich mit dem anderer Anbieter, noch immer sehr eng geknüpft. Man kann sich einen Straßenplan der eigenen Stadt, oder des eigenen Viertels, vorstellen oder tatsächlich einmal vornehmen und an jedem Ort der religiösen Infrastruktur eine Nadel einstecken: bei den Kirchen und Gemeindehäusern, auch den Moscheen und Synagogen, beim Kindergarten in kirchlicher Trägerschaft, beim Jugendtreff, beim Krankenhaus der Diakonie, bei der Beratungsstelle der Caritas. Dann entstünde ein Bild von der nahräumlichen Struktur der Bürgergesellschaft, in der sich Menschen im Alltag bewegen können, wenn sie aus der unmittelbaren Privatsphäre hinaustreten und sich vergesellschaften, ohne gleich beim Staat anzukommen. Die Bürgergesellschaft besitzt insofern eine »topische« Qualität, bei der religiöse Orte sogar eine besonders wichtige Funktion übernehmen können. Kirchengebäude, Kirchenräume sind nicht nur religiöse Versammlungsräume mit innerkirchlicher Zwecksetzung, sie sind auch soziale und identitäre Bezugspunkte für die Gesellschaft insgesamt.

Für die ländliche Gesellschaft gilt das noch mehr als für die Großstädte, und das große Interesse an den Dorfkirchen in Ostdeutschland hat in den letzten Jahren unterstrichen, wie wichtig solche Orte auch in einer stark entkirchlichten Umwelt sind – und wie wenig Alternativen für sie bereitstehen.[106] Nicht nur einzelne Menschen verspüren, ob sie Kirchenmitglied sind oder nicht, religiös sind oder nicht, das Bedürfnis nach dem »ganz anderen« Ort, in den sie durch eine Kirchentür eintreten können. Immer wieder benötigt auch das demokratische Gemeinwesen aus besonderem Anlass religiöse Räume als Orte der Sakralität, des Rückzugs, der Alterität. Denn bestimmte gemeinschaftliche Gefühle wie Trauer können an staatlichen Orten nicht in gleicher Weise zum Ausdruck gebracht werden – oder es wäre sogar ein gefährliches Missverständnis, sie in den staatlichen Raum zu ziehen, sie staatlich zu inszenieren. In mehrfacher Weise öffnet Religion also Räume nicht nur für den Gottesdienst, sondern auch für die Konstituierung und Kommunikation der Bürgergesellschaft.

»Kommunikation« ist bereits das Stichwort für den nächsten, fünften Punkt. Religion kann der Bürgergesellschaft eine »Sprache« zur Verfügung stellen, mit deren Hilfe sie sich über elementare Fragen der gesellschaftlichen Orientierung verständigen kann – ohne sich dabei dem Deutungs-, geschweige denn dem Glaubensanspruch der Religion auszuliefern. Diese Fähigkeit setzt in besonderer Weise eine vernünftige, eine aufgeklärte, eine diskursfähige Religion voraus. Unter dieser Voraussetzung aber ist die Sprache der Religion in den letzten Jahren wieder mehr als früher aufgegriffen und als Chance erkannt worden, öffentliche Probleme und Streitfragen fundamental und unabhängig zu reflektieren. Die Bearbeitung ethischer Konflikte zwischen Politik, Wissenschaft und Öffentlichkeit ist ein wichtiges Beispiel dafür. Nicht nur, weil die damit berührten Themen »Grenzfragen« von Leben und Tod betreffen, die eine religiöse Sinndimension ohnehin nicht ausschließen können, hat die Sprache der Religion in diesen Debatten eine auffallend große Rolle gespielt. Sie bot zugleich einen Diskursraum, der sich bewusst in Differenz zu rein politischen Argumentationen einerseits, zu rein (natur-) wissenschaftlichen andererseits setzte, um sich der Logik der politischen Macht oder der Biowissenschaften nicht schon von vornherein ausliefern zu müssen.

Auch in anderen Zusammenhängen hilft die Sprache der Religion der Bürgergesellschaft weiter. Sie kann, wie im letzten Punkt schon angedeutet, kollektive Emotionen ausdrücken, gemeinschaftlicher Trauer etwa nach einem Unglücksfall, einem schweren Verbrechen Ausdruck verleihen – damit auch die Bürgergesellschaft ihres Zusammenhalts versichern und wieder in die Normalität des Alltags zurückführen. Vor wenigen Jahrzehnten hätte man das vermutlich noch für einen Atavismus, ein kulturelles Überbleibsel vorsäkularisierter Gesellschaft gehalten. Aber welcher Modus der Sprache, der Verständigung, des Sinnhorizontes sollte eigentlich an seine Stelle treten? Die Grenze zu zivilreligiösen Sprachformen und Ritualen ist gewiss fließend, wenn sich eine öffentliche Trauergemeinde an den Särgen von Soldaten oder ermordeter Kinder versammelt. Aber selbst dann kommt der religiösen Deutung und Sprache offenbar eine konstitutive Bedeutung zu, die sich in alternative, rein säkulare Sinnhorizonte oder Sprachen nicht leicht transformieren lässt. Jede Beerdigung mit einem »freien« Gedenkredner ist Illustration dafür.

Sechstens muss nun endlich von der Ökonomie der Bürgergesellschaft die Rede sein: von den verschiedenen Formen und dem Nutzen des Investierens in sie. Die Rede von religiösen (oder anderen) »Ressourcen« oder von der Produktion eines »moralischen Mehrwerts« deutet schon an, dass

die Bürgergesellschaft einerseits über ein gemeinschaft-
liches Kapital verfügt, das nicht in der Summe der Beiträge
ihrer Individuen aufgeht: sie vermag soziales Kapital zu ver-
mehren. Auf der anderen Seite muss sie auch gepflegt und
gefüttert werden; sie beruht darauf, dass engagierte Bürgerinnen und Bürger eine (Vor-) Leistung erbringen, für
die sie nicht (wie auf dem Markt) einen unmittelbaren Ge-
genwert erhalten. Und da der Ausgleich zwischen Starken
und Schwachen, zwischen »In« und »Out« eine wesentliche Funktion der Bürgergesellschaft darstellt, müssen viele
»Starke« in sie investieren, ohne überhaupt eine Gegenleis-
tung erwarten zu können – es sei denn in Währungen wie
sozialem Kapital oder moralischer Befriedigung, vielleicht
auch öffentlicher Anerkennung. Insofern lässt sich die Bürgergesellschaft ganz allgemein als eine »*investive Gesellschaft*«
verstehen, die von der Spende von Ressourcen unterschiedlicher – natürlich auch materieller – Art lebt und ihre Ren-
dite erst langfristig, und wiederum in den verschiedensten
Währungen, ausschüttet.[107]

So wird im religiösen Kontext, wie überall im Bereich
des ehrenamtlichen Engagements, von den unzähligen frei-
willigen Aktiven zuallererst eigene Zeit investiert: Zeit, die
hier nicht »Geld ist« wie am Markt, aber auch nicht zu
Zwecken der individuellen Lebensgestaltung – des Konsums,
der Freizeit, der Familie – verwendet wird. Das religiöse
Feld leidet nicht weniger als andere Bereiche der Gesellschaft darunter, dass die außerhalb der Erwerbsarbeit ver-
fügbare Zeit in den letzten Jahrzehnten zwar nicht knapper
geworden ist, eher im Gegenteil, sich die Angebote diese
Zeit auszufüllen aber vervielfältigt, individualisiert und entstrukturiert haben. Einen Teil seiner Zeit in ehrenamtliches
Engagement zu investieren, gehört zumal für die Jüngeren,
und zumal in großstädtischer Umgebung, nicht mehr zu
den Konventionen der Lebensführung; auch in den bürgerlichen Mittelschichten hat das seinen Platz nicht mehr

so selbstverständlich wie früher. Das hat auch mit veränderten Geschlechterrollen zu tun: Die ehrenamtliche, vor allem soziale Tätigkeit der nicht erwerbstätigen Ehefrau ist nicht mehr der Normalfall. Das spüren die religiösen Milieus besonders, denn die »Feminisierung der Religion«, die seit dem 19. Jahrhundert einen Grundzug der modernen Religionsgeschichte darstellt, hat die Frauen vor allem als sozialreligiöse Akteurinnen positioniert. Sie galten als Expertinnen für die emotionalen, moralischen und sozialen Qualitäten, die das Zeitinvestment ausfüllten: Mühe, Sorge, persönliche Zuwendung. Das Umfeld also hat sich verändert, aber noch immer leisten diese immateriellen Investitionen im religiösen Kontext einen fundamentalen Beitrag zur Bürgergesellschaft.

Die in diesem Kontext erbrachten materiellen Leistungen spielen ebenfalls eine wichtige Rolle. Für den deutschen Fall steht damit die Kirchensteuer zur Debatte, die für die evangelischen Landeskirchen und katholischen Bistümer staatlich eingezogen wird. Immer wieder ist heftig darüber diskutiert worden, ob dieses Modell im Horizont der »Säkularisierung« und eines religionsneutralen Staates Bestand haben könne; ob der Staat nicht damit für die Kirchen eine Sonderleistung erbringe, die gegenüber anderen Religionsgemeinschaften, gegenüber nicht solchermaßen finanzierten Verbandsstrukturen im Pluralismus, auch gegenüber den nicht kirchlich organisierten Bürgern ungerecht sei. Diese Debatte hat wohl am Ende der 70er Jahre ihren Höhepunkt überschritten. Inzwischen liegt es nahe, vor allem im Zusammenhang unseres Themas, die Fragerichtung umzukehren: Welche materielle Sonderleistung erbringen die Kirchenmitglieder bzw. Kirchensteuerzahler, die nicht nur der Kirche, sondern der Bürgergesellschaft insgesamt zugute kommt, da sie ja wesentlich als eine Finanzierung der bürgergesellschaftlich relevanten sozialen und moralischen Infrastrukturen begriffen werden kann? Vor dreißig Jahren

hätte der aus der Kirche Ausgetretene gesagt: Ich spende ja
gerne etwas für die Armen, aber wieso soll mit meinem Geld
das Gehalt des Pfarrers finanziert werden oder die Repara-
tur der Kirche, in die ich nur zu Weihnachten gehe? Heute
würde ihm entgegengehalten: Was leistet Du eigentlich zur
Ermöglichung moralischer und sozialer Leistungen, für die
Aufrechterhaltung eines sozialen Netzwerks, von dem nicht
nur die Kirchenmitglieder, und auch diese nicht nur unter
im engeren Sinne religiösen Gesichtspunkten, profitieren?

Deshalb lässt sich die Kirchensteuer auch als eine zivilgesellschaftliche Steuer, als Investition in die Infrastruktur der Bürgergesellschaft interpretieren. Wenn das kirchliche Personal nicht da wäre, müssten wohl die Lohn- oder
die Mehrwertsteuer erhöht werden, damit die Kommunen
mehr Jugendarbeiter und Altenpfleger und Musiklehrer ein-
stellen könnten und die Räume errichten und unterhalten,
in denen sich die soziale Praxis des Engagements und der
Hilfe vollziehen kann. An dieser Stelle aber hat sich in den
letzten Jahrzehnten eine zunehmende Diskrepanz aufgetan.
In einer Gesellschaft wie der westdeutschen der 70er Jahre,
als noch gut 90 % der Bevölkerung der evangelischen und
katholischen Kirche angehörten, haben fast alle (nach den
üblichen Grundsätzen der Leistungsfähigkeit gestaffelt) zur
Finanzierung dieser Infrastruktur beigetragen. Inzwischen
ist diese Quote durch Kirchenaustritte und durch die Ver-
einigung der Bundesrepublik mit der weithin entkirchlichten DDR auf nur noch gut 60 % gefallen.[108] Dieser Teil der
Bevölkerung finanziert also ein Netzwerk mit erheblichen
bürgergesellschaftlichen Komponenten; man könnte auch
sagen: ein Netzwerk, das in vieler Hinsicht, ökonomisch gesprochen, ein Gemeinschaftsgut darstellt. Tut sich da eine
Gerechtigkeitslücke auf; sind die Nicht-Kirchenmitglieder
»free rider«, also Trittbrettfahrer der religiös und kirchlich
Engagierten? Eine nennenswerte Debatte darüber hat bisher
jedenfalls nicht stattgefunden.

Materielle Investitionen im religiösen Kontext begegnen darüber hinaus vor allem in zwei weiteren Formen: zum einen im religiösen bzw. kirchlichen Spendenmarkt, zum anderen in der Form der Gottesdienstkollekte. Die Bedeutung des Stiftens und Spendens, im größeren Maßstab auch: des Mäzenatentums für die Bürgergesellschaft findet erst in jüngster Zeit gebührende Beachtung.[109] Man müsste viele Unterscheidungen treffen: zwischen Spenden aus religiöser Motivation, für religiöse Zwecke, für religiöse Organisationen, für kirchliche Zwecke und Aktionen. Die Grenzziehungen sind schwierig, auch wenn einzelne Sammlungen wie die jährlichen Aktionen »Brot für die Welt« der evangelischen und »Adveniat« der katholischen Kirche nach Aufkommen und Öffentlichkeitswirkung herausstechen. Insgesamt ist damit jedenfalls ein Feld beschrieben, das einen schlechterdings fundamentalen Beitrag zur materiell-moralischen Selbstkonstituierung der Bürgergesellschaft leistet, und die Dimension der Hilfe für den Fremden, den Anderen, den Schwächeren auch symbolisch und im Bewusstsein einer breiten Öffentlichkeit, ob sie kirchlich gebunden ist oder nicht, repräsentiert. Natürlich ist auch hier die Frage nicht entscheidbar, ob es dazu des religiösen Feldes denn unbedingt bedürfe, die Spenden also in einer säkularen Gesellschaft nicht im selben Umfang humanitären Organisationen zugute kommen würden. Tatsächlich ist aber zweifelhaft, ob das so wäre. Ein starkes Indiz dafür ist, dass religiöse bzw. kirchlich gebundene Bürgerinnen und Bürger häufiger und mehr spenden als andere es tun. Das zeigt übrigens auch, dass die vorhin schon zitierte Haltung des Kirchenfernen: »Ich trete aus der Kirche aus, dafür spende ich dann später lieber mehr« durch die Wirklichkeit nicht bestätigt wird. Noch einmal anders gesagt: Die materielle »Mehrinvestition« religiöser bzw. kirchlich gebundener Bürgerinnen und Bürger ist, wenn man Kirchensteuer und Spendenverhalten nimmt, mindestens eine Doppelte.

Als dritter Aspekt, aber auch als ein gewisser Sonderfall, kommt das Spenden im Gottesdienst, die Geldgabe in die sogenannte Kollekte, hinzu. Das ist eine traditionelle, geradezu unzeitgemäß wirkende Form, aus dem eigenen materiellen Besitz etwas für gemeinschaftliche Zwecke bzw. die Unterstützung Schwächerer abzugeben. Gerade deshalb kommt darin die moralische Komponente der Empathie und der soziale Aspekt des nicht berechnenden Teilens unverstellt zum Ausdruck. Unzeitgemäß wirkt diese Art des Spendens (zu der es selbstredend auch nichtkirchliche Parallelformen gibt, wie die Münze in den Plastikbecher eines Straßenbettlers) auch deshalb, weil ihr das rationale, ökonomisch rechnende Element der modernen Spende fehlt: die Spendenquittung, die steuerliche Abzugsfähigkeit. Ist es nicht unvernünftig, zehn Euro in den Klingelbeutel zu stecken, statt sie, oder gleich die Jahressumme der Gottesdienstspenden, gegen Spendenquittung zu überweisen, um auf diese Weise bis zur Hälfte der Spende vom Staat zurückzuerhalten? Gerade diese Irrationalität ist offenbar Ausdruck einer moralischen Absolutheit, die nach solcher Verrechnung (die deswegen ja nicht moralisch verwerflich ist) nicht fragen will. Aber man kann auch diesen Aspekt als ökonomische Sonderleistung interpretieren: Wer so spendet, spart dem Staat die steuerlichen Erstattungen, macht ihm also ein Geschenk, mit dem wieder andere öffentliche Aufgaben finanziert werden können.

Auf einer ganz anderen Ebene als diese »investiven« Leistungen liegen Funktionen der Religion für die Bürgergesellschaft, die sich im weitesten Sinne als politische Funktionen beschreiben lassen. Damit ist der Endpunkt unseres Durchgangs von den »inneren«, individuellen und moralischen, zu den »äußeren«, den Markt und das politische System betreffenden Dimensionen der religiösen Ressourcen erreicht. Jürgen Habermas hat in seiner »Theorie des kommunikativen Handelns« Markt und Staat als die beiden großen systemischen Zusammenhänge der modernen Gesellschaft beschrieben, die sich wuchernd immer mehr auszubreiten drohen und die kommunikative und gemeinschaftsstiftende »Lebenswelt« der Menschen, die auch der Ort der Bürgergesellschaft ist (vielleicht sogar ein Synonym für sie), gefährdet, einschnürt, »kolonialisiert«.[110] Die Bedeutung der Religion in modernen Gesellschaften liegt, *siebtens*, auch darin, dass sie diesem Ausgreifen von Markt und Staat zugunsten der Bürgergesellschaft Widerständigkeit entgegensetzt; dass sie die kommunikative, moralische und soziale Integrität der Lebenswelt auch in deren »säkularen« Dimensionen immer wieder zu verteidigen bereit ist.

Die Sorge vor einer immer weiter fortschreitenden Ökonomisierung des Alltags ist weit verbreitet – der kirchliche Protest gegen die völlige Aufhebung der Sonntagsruhe in den Ladenschlusszeiten ist immerhin ein konkreter Versuch, einen Pflock des »bis hierher und nicht weiter« einzuschlagen, während sonst Larmoyanz und Opportunismus vorherrschen. Als Widerhaken im Fleisch des Staates betätigt sich die Kirche ohnehin häufig und in Fragen, die im üblichen politischen Feld des »Links und Rechts« ganz unterschiedlich konnotiert sein können, sei es mit dem Kirchenasyl oder mit dem Widerstand gegen die Verdrängung des schulischen Religionsunterrichts. Wahrscheinlich macht Habermas den Unterschied zwischen »System« und »Lebenswelt« zu scharf und lädt ihn zu eindeutig als Kampf zwischen »bösen« und »guten« Sphären auf. So wäre es jedenfalls gefährlich, religiöse Motivationen oder die Organisation Kirche als heroische Kämpfer für die Abschottung einer vermeintlich heilen Bürgergesellschaft vor den Eindringlingen Markt und Staat zu stilisieren. Aber man kann doch festhalten, dass die Verteidigung sozialmoralischer Logiken gegenüber Markt und Staat nicht nur zu den wichtigen Aufgaben, sondern auch zu den charakteristischen

Fähigkeiten moderner Religion in modernen Gesellschaften gehört. Wer kann schon im Streit um die Sonntagsruhe auf Gottes eigenes Ruhen nach sechs Tagen anstrengender Schöpfung verweisen? Mit anderen Worten, gerade die Berufung auf Gesetze und Gebote ganz anderer, außeralltäglicher, außermarktlicher, nicht demokratisch legitimierter Art führt der Bürgergesellschaft Kräfte und Reflexionspotentiale zu, die aus anderen Quellen kaum ersetzbar sind.

Achtens schließlich vermag Religion sozialen Protest zu mobilisieren und zu artikulieren, mit dem sie etablierte Strukturen der politischen Herrschaft und der gesellschaftlichen Machtverteilung herausfordert. Man könnte auch von einem Dissens- und Dissidenzpotential der Religion sprechen – religiöser Überzeugungen ebenso wie religiöser Gemeinschaften –, das in vieler Hinsicht gar nichts spezifisch Modernes ist, sondern im Wesen von Religion als einer Alterität zur politischen und weltlichen Ordnung begründet liegt. Die gesamte Geschichte des Christentums über 2000 Jahre lässt sich als Überlagerung von randständiger Protestbewegung einerseits, Konformität mit dem jeweiligen politischen System andererseits lesen, und oft genug hat das letztere den Ton angegeben.[111] In der jüngeren deutschen Geschichte kann man dafür auf das Verhalten der Protestanten gegenüber dem Nationalsozialismus verweisen: Eine Mehrheit ging mit den »Deutschen Christen« konform, eine Minderheit ging auf Distanz in der »Bekennenden Kirche«. Es war auch diese Erfahrung, die nach 1945 zu einer Verschiebung in Richtung Kritik und Protest beigetragen hat.

Das Urbild der modernen Protestbewegungen in den westlichen Gesellschaften der Nachkriegszeit aber bildete die Bürgerrechtsbewegung für die Gleichberechtigung der Afro-Amerikaner in den USA. Verkörpert in der Person des Pfarrers Martin Luther King, Jr. gingen religiöse Motivation und kirchliche Netzwerkstrukturen einerseits, politisch-soziale

Protestbewegung in der Demokratie andererseits hier eine besonders enge, aber auch charakteristische Verbindung ein. Man könnte viele Stichworte für die Brücken nennen, die beides zusammenführte: Charisma – Utopiefähigkeit (das »promised land«!) – Gemeinschaftsbindung – Gewaltverzicht. Nicht zuletzt entwarfen die religiös-sozialen Protestbewegungen einen Horizont, in dem die radikale Alterität zur herrschenden Ordnung weder in Weltflüchtigkeit noch in das Streben nach Umsturz dieser Ordnung führte, sondern in pragmatische Weltbearbeitung transformiert wurde. Eine auffällige Bedeutung gewannen religiöse Motivation und Infrastruktur (vor allem des Protestantismus) auch in den »Neuen Sozialen Bewegungen« der Bundesrepublik in den 1960er bis 1980er Jahren, wohl mit einem Höhepunkt in der »Friedensbewegung« um 1980.[112]

Was auch immer der Streitgegenstand war, prinzipiell geht es dabei um die Fähigkeit demokratischer Gesellschaften, sich durch die Erzeugung von Dissens, durch sozialen Protest zu dynamisieren und zu erneuern. Dieses Potential kann nicht im Kern des politischen Systems selber erzeugt werden, in den Parlamenten und Ministerialverwaltungen; sein Entstehungsort ist vielmehr die Bürgergesellschaft als Bereich autonomer, oft auch (zunächst) marginaler Artikulation von Kritik und Interessen. Die Demokratie ist eben nicht nur auf den Konsens ihrer Bürger angewiesen und auf die schon diskutierten gemeinschaftlichen Bindekräfte, sondern auch auf die Produktion von Konflikt und Nonkonformität. In diesem Sinne haben religiöse Bewegungen im letzten halben Jahrhundert einen ganz erheblichen – noch viel näher zu erforschenden – Beitrag zu dieser kreativen Erzeugung von Dissens in westlichen Gesellschaften geleistet. Man darf gespannt sein, unter welchen Voraussetzungen der Islam in der Zukunft arabischer Gesellschaften ähnliche zivilgesellschaftliche Impulse zu geben vermag.

Doch ist das Dissens- und Protestpotential der Religion nicht auf die Selbstkritik und Selbsterneuerung demokratischer Gesellschaften beschränkt. Das Ende der kommunistischen Diktaturen im sowjetischen Herrschaftsbereich Osteuropas ist ohne die religiöse Dimension nicht denkbar. Dabei sind religiöse Motivation und kirchliche Organisation weder eine notwendige noch eine hinreichende Bedingung von Protest und Revolution in den 1980er Jahren gewesen. In Ungarn oder der Tschechoslowakei brach sich das Freiheitsstreben überwiegend in anderen Kanälen Bahn; in Polen und der DDR wiederum ist die Überwindung der Diktaturen ohne die religiöse Mobilisierung kaum vorstellbar: In Polen waren es die katholische Kirche und der polnische Papst, die sich mit der Gewerkschaftsbewegung und dem intellektuellen Protest verbündeten. In der DDR hatte das protestantische Milieu einen Schutz- und Alternativraum für Opposition bereitgestellt, von den ersten Umwelt- und Friedensgruppen bis zu der Ankerfunktion der Leipziger Nikolaikirche in den kritischen Oktobertagen 1989.[113] Aus dieser Mobilisierung hat – hier schließt sich ein Kreis unserer Überlegungen – die Idee der Bürgergesellschaft überhaupt jene Kraft gezogen, die sie in den Mittelpunkt öffentlicher Debatten auch im Westen gestellt hat.[114]

Moralressource und Gemeinschaftsbildung, soziale Netzwerke und Räume, Sprachfähigkeit und Investitionen, politische Widerständigkeit und sozialer Protest: Damit ist ein weiter Horizont skizziert, in dem sich die Potentiale von Religion in der modernen Bürgergesellschaft entfalten können, in dem Religion zu einer wichtigen Ressource der Bürgergesellschaft werden kann – vielleicht sogar zu einer ihrer wichtigsten überhaupt. Aber Potentiale heißt »Möglichkeiten«: Die Religionen und erst recht die Kirchen sitzen damit nicht auf einem Thronsessel der Zivilgesellschaft. Schon gar nicht mit irgendeinem Recht der Tradition: Denn die Überlappung von Religion und Bürgergesellschaft ist ganz überwiegend ein spezifisch modernes Produkt: Sie setzt eine moderne Bürgergesellschaft ebenso voraus wie eine modernisierte Religion. Dabei müssen sich die Kirchen ihren Platz auf einem vielfältigen und umkämpften Markt der sozialen Mobilisierung und des Engagements immer wieder neu sichern. Sie müssen ihr Alleinstellungsmerkmal, ihren transzendentalen und sakralen Kern verteidigen und sich dabei doch in den Pluralismus der Bürgergesellschaft hineinbegeben. Das ist über weite Strecken während der letzten Jahrzehnte gar nicht einmal schlecht gelungen. Aber nur im Bewusstsein dieses Spannungsverhältnisses können sie erwarten, auch in Zukunft noch einen Beitrag zur »Zivilisierung der Gesellschaft durch Religion«[115] zu leisten.

VIII. Bürgergesellschaft und religionsfreundlicher Staat

Die globale Finanz- und Wirtschaftskrise hat seit dem Herbst 2008 die Rufe nach einem »starken Staat« wieder lauter werden lassen: nach einem Staat, der die individualistisch entfesselten, verantwortungslos gewordenen Kräfte des Marktes im Sinne des Gemeinwohls effektiv zu kontrollieren und regulieren vermag. Schon sehen manche, unter Vorzeichen wie der Verstaatlichung von Banken und Großunternehmen, eine neue Ära des Staates heraufziehen, die sich als eine historische Gegenbewegung zu Krise und Rückzug des Staates erweisen könnte, wie sie sich seit den späten 70er Jahren von den angelsächsischen Ländern aus vollzogen hat: ökonomisch als Ablösung des Keynesianismus, politisch unter liberal-konservativen Vorzeichen, gesellschaftlich im Schatten neuer sozialer Spannungen, vor allem einer zunehmenden Polarisierung von Arm und Reich. Der »Neoliberalismus« hat in der Sicht vieler Kritiker den Staat geschwächt, um den Starken der Gesellschaft freien Raum zur ungehemmten Entfaltung bieten zu können. Begriffe wie »individuelle Verantwortung«, aber auch »Bürgergesellschaft« waren dann nur Tarnwörter für den strategischen Entzug kollektiver, zuvor im Staat regulierter Solidarität. Schwingt das Pendel jetzt für die nächsten dreißig Jahre zurück? Hat die Krise dem Übergang in einen neuen Zyklus den letzten Anstoß gegeben, der den Staat für lange Zeit wieder an die erste Stelle setzen wird?

Eine solche Prognose könnte sich, wie immer man persönlich zu ihr steht, als voreilig erweisen. Denn es gibt nach aller Erfahrung nie ein simples »Zurück« zu früheren Verhältnissen, die im Rückblick ohnehin leicht romantisiert werden. Vor allem aber ist der Paradigmawechsel der 70er Jahre, von dem in Kapitel III schon ausführlicher die Rede war, zugleich vielschichtiger und fundamentaler gewesen, als dass von ihm nur noch die Erinnerung an eine zeitweise Verirrung übrig bliebe. Gerade auf der Linken hat diese Zäsur das zweihundert Jahre alte Vertrauen in den starken, guten, sozial fortschrittlichen Staat tief erschüttert. Die neue Staatsskepsis war ökonomisch eher im konservativen Lager verankert, kulturell aber ist sie von linken und liberalen Kräften getragen worden, nicht zuletzt in der Bundesrepublik mit ihrer Stärke von neuen sozialen Bewegungen, »Basisdemokratie« und Bürgerengagement. Auch die emanzipative Staatsskepsis in den osteuropäischen Oppositionsbewegungen der 80er Jahre ordnet sich in dieses Muster ein. Umgekehrt ist die Idee der Zivil- und Bürgergesellschaft gerade nicht auf dem von Reagan und Thatcher bereiteten Boden gewachsen; für die britische Premierministerin existierte nach ihrem bekannten Diktum nicht einmal eine Gesellschaft; es gab nur Individuen. Schließlich haben sich auch fundamentale Rahmenbedingungen so geändert, dass eine eindimensionale Rückkehr zum Staat nur schwer vorstellbar ist. Zum einen lädt die Situation der öffentlichen Haushalte kaum zu einer expansiven Staatstätigkeit ein, und die demographische Entwicklung zieht in Zukunft eher noch engere Grenzen. Zum anderen ist auch die positive Überzeugung inzwischen fest verankert – und zwar quer durch das politische Spektrum –, die bürgergesellschaftliche Autonomie und die dafür notwendige Aktivität der Individuen müssten gestärkt werden, gerade weil der soziale Zusammenhalt, wiederum befördert durch demographische Trends, sonst durch eine Dynamik der Individualisierung untergraben werde.

Deshalb ist es wenig sinnvoll, die Einzelnen gegen den Staat, oder diesen gegen die Bürgergesellschaft auszuspielen. Alle drei müssen vielmehr in ein neues Verhältnis zueinander gesetzt werden. Die Bürgergesellschaft kann nicht als romantische Utopie einer Gemeinschaftsseligkeit existieren, in der die Einzelnen sich ihrer Interessen, und überhaupt ihrer individuellen Stärken, entledigen. Dabei geht es, wie das Beispiel der Religion sehr gut zeigt, eben nicht nur um Stärken am Markt, sondern auch um psychische und moralische Ressourcen: um ein Selbstbewusstsein etwa, das erst zum praktischen Altruismus befähigt. Die Bürgergesellschaft kann sich ebenso wenig in eine Opposition zum Staat begeben. Dieser Impuls war in den 80er Jahren, teils aus guten Gründen, sehr spürbar, im westlichen Kommunitarismus ebenso wie in der östlichen Kritik an der Allzuständigkeit eines Staates, der die bürgerliche Autonomie schon im Ansatz unterdrückte. Das hat sich inzwischen abgeschwächt; die Zivilgesellschaft muss nicht mehr als ein staatsferner und staatsfreier Raum gedacht werden, für die jede etatistische Verunreinigung einen Verrat an Prinzipien darstellt. Gleichzeitig ist der demokratische Staat offener, flexibler, gesprächsbereiter und damit fähig geworden, die Bürgergesellschaft als Verhandlungs-, aber auch als »Projektpartner« zu akzeptieren.[116]

Im Sinne einer solchen Partnerschaft kann der Staat zum Gerüst und zum Sponsor der Bürgergesellschaft werden. Er fördert sie, »negativ«, weil seine eigenen Mittel nicht immer ausreichen, gesellschaftliche Ziele zu erreichen und Gemeinschaftsgüter zur Verfügung zu stellen. Er fördert sie aber auch, »positiv«, weil er weiß, dass bürgergesellschaftliche Akteure diese Aufgaben oft besser und effektiver erfüllen können – nicht so sehr im Sinne einer ökonomischen Rationalität, sondern vor allem wegen der sozialen Nebeneffekte. Wenn Bürgerinnen und Bürger sich engagieren, ist das häufig mehr als der Vollzug eines Verwaltungsaktes, die Exekution eines sozialen Rechtsanspruches. Erstens engagieren sich dann Bürger für das Gemeinwesen, die dazu sonst keine Veranlassung gesehen – sich vielleicht lieber der individuellen Freizeitgestaltung, privaten Hobbys gewidmet hätten. Zweitens begegnen sich Menschen auf eine Weise, die »soziales Kapital« produziert: horizontale Bindungskräfte, damit auch eine andere, unmittelbare Form der sozialen Sicherheit. Drittens bringt das bürgerschaftliche Engagement häufig, und nicht zuletzt in religiösen Kontexten, einen moralischen Mehrwert, sozusagen einen Bonus der persönlichen Motivation, Zuwendung und Intensität zum Ausdruck. Zu ihm sind staatliche Agenturen nicht immer in gleicher Weise in der Lage, auch wenn in ihnen selbstredend gleichermaßen engagierte Menschen ihre Aufgabe erfüllen mögen.

Von alldem war schon die Rede; hier geht es eigentlich nur noch darum, die Fäden zusammenzuziehen. Wenn der Staat aus diesen Gründen zum Sponsor, zum Förderer der Bürgergesellschaft wird, dann wird er auch dem religiösen Feld als deren Teil Wohlwollen und Förderung entgegenbringen müssen. Damit ist keine besonders privilegierte Rolle der Religion oder der Kirchen unter den vielfältigen Anbietern auf dem Markt der Bürgergesellschaft gemeint: Hier findet Konkurrenz statt (auch zwischen den religiösen Anbietern, den Religionsgemeinschaften!), die der Staat nicht zu entscheiden, wohl aber zu beobachten hat. Denn die Funktion des Staates als Gerüst und »Sponsor« der Bürgergesellschaft kann sich nicht auf »säkulare« Projekte beschränken; er kann überhaupt nicht eine vorgebliche Werteneutralität oder ideologische Desinfizierung zur Voraussetzung der Förderungswürdigkeit erklären. Denn sonst wäre die Bürgergesellschaft ohnehin ein rein staatliches Unternehmen und würde sich damit selber widerlegen. In dieser Situation kann der Staat nicht, im Sinne eines radikal laizistischen Staates, von der Religion seiner Bürger, die ihm selber maßgeblich zu gute kommt, absehen. Insofern er die Leistungen der Religion für die Bürgergesellschaft anerkennt, wird er zunächst zu einem *religionsbewussten* Staat. Dann

kann er Anreize einer bürgerschaftlichen Organisation be-
reitstellen, beispielsweise durch die Finanzierung von Infrastruktur, und damit ein Skelett der Bürgergesellschaft bilden, an das sich das Fleisch des konkreten Handelns und die
Nervenstränge der moralischen Verpflichtungen in vielfältiger, auch dezentraler Verantwortung anlagern.

Mit dem religionsfreundlichen Staat ist weder ein Staat
gemeint, der selber religiöse Attribute annimmt, sei es unmittelbar oder im Sinne einer neuen »Zivilreligion«. Gemeint ist auch keine Aufhebung der Trennung von Kirche
und Staat; ebenso wenig wie ein Staat, der bestimmte religiöse Organisationen vor anderen bevorzugt. Erst auf der
Grundlage einer modernen Trennung von Kirche und Staat,
erst im Kontext einer multireligiösen Gesellschaft kann sich
das Konzept des religionsfreundlichen Staates recht eigentlich entfalten. Gemeint ist schließlich nicht ein Staat, der
den in religiösen Gemeinschaften und Institutionen er-
zeugten »moralischen Mehrwert« für sich selber in Anspruch nimmt, um die möglicherweise brüchigen Grundlagen seiner Legitimation zu stärken. Mit anderen Worten:
Religion kann kein staatstragendes Konsenspotential erzeugen; sie kann nicht jene homogenitätsverbürgenden Elemente zur Verfügung stellen, die dem Staat durch die Säkularisierung, durch das von Böckenförde bezeichnete »Risiko
der Freiheit«, einstmals abhanden gekommen sind.[117] Aber
der Staat kann sich auch nicht eine Brille der völligen Re-
ligionsblindheit aufsetzen, die sich als künstlich und rea-
litätsfern erwiesen hat. Er kann nicht so tun, als sei Religion bloße Privatsache, wenn religiöse Überzeugungen
einen erheblichen Teil der bürgergesellschaftlichen Infrastruktur tragen oder sich in öffentlichen Debatten und politischen Streitfragen argumentativ Gehör verschaffen. Gerade
in Deutschland muss man gelegentlich noch daran erinnern,
dass Religionsfreiheit nicht die Freiheit von Religion bedeutet – gewissermaßen das subjektiv-öffentliche Recht, von

Religion unbehelligt zu bleiben –, sondern die Freiheit für Religion bezeichnet.[118] Auch aus dieser »positiven« Religionsfreiheit lässt sich das Gebot eines religionsfreundlichen Staates entwickeln, doch kommt es mir gerade auf die Eigenständigkeit der bürgergesellschaftlichen Legitimation dieses Konzepts an.

Die praktischen Konsequenzen einer solchen Einsicht in die öffentliche Rolle von Religion und in die Aufgaben eines religionsfreundlichen Staates liegen nahe, aber man müsste sie im einzelnen und für die verschiedenen Dimensionen, die im letzten Kapitel entfaltet wurden, ausbuchstabieren. Einige wenige Beispiele sollten hier genügen. Die finanzielle Unterstützung konfessioneller Schulen – oder Krankenhäuser, oder anderer sozialer Einrichtungen – ist weder ein staatliches Gnadenbrot noch eine bloße Kompensation für die nicht entstandenen Kosten der Schule, die der Staat sonst hätte betreiben müssen; erst recht ist sie kein Relikt eines alten staatskirchlichen Korporatismus. Sie rechtfertigt sich vielmehr aus der Erkenntnis, dass Aufgaben der Erziehung oder der sozialen Arbeit auch im Sinne der säkularen Gesellschaft, der allgemeinen Zivilgesellschaft, an einer kirchlichen Schule mindestens ebenso gut, ja mit einem zusätzlichen moralischen Mehrwert wahrgenommen werden.

Ähnlich könnte man auch, ein zweites Beispiel praktischer Konsequenzen, für den Religionsunterricht als Wahlpflichtfach an öffentlichen Schulen argumentieren. Dessen Funktion geht offensichtlich weit über die Binnensozialisation religiöser Gemeinschaften hinaus: Der Staat ermöglicht konfessionellen Religionsunterricht an den Schulen nicht, um diese oder jene Sonderorganisation zu stärken oder um bestimmte Glaubensüberzeugungen zu verbreiten. Sondern er tut es – oder sollte es jedenfalls tun –, um das Bildungs- und Reflexionspotential von Religion zu unterstützen. Das geschieht in der Erkenntnis, dass die Bearbeitung der Grenze zwischen weltlichen und religiösen Normen, zwischen Immanenz und Transzendenz, nur mit Hilfe von reflektierter, von »postsäkularer« Religion geleistet werden kann, nicht aber durch einen staatlichen Werteunterricht oder ein allgemeines Fach Religionskunde.

Schließlich ein drittes und letztes Beispiel für die praktischen Konsequenzen eines religionsfreundlichen Staates – es betrifft das wichtige Feld der materiellen Ressourcen, die im religiösen Kontext mobilisiert und von dort aus in die Gesellschaft investiert werden. Von der Kirchensteuer, von Spenden und Kollekten war im vorigen Kapitel die Rede, und gerade die Berechtigung der deutschen Kirchensteuer ist immer wieder Gegenstand heftiger Debatten gewesen. Ihre Intensität, die in programmatischen Forderungen der FDP Anfang der 70er Jahre wohl ihren Höhepunkt erreichte, ist inzwischen deutlich abgeflaut, zumal im politischen Raum. Eher wird in kleinen Teilen der Kirche selber das Konzept der Kirchensteuer und ihr staatlicher Einzug kritisch zur Diskussion gestellt.[119] Handelt es sich hier nicht um eine unzulässige Verquickung staatlicher und religiöser Aufgaben? Warum kann eine Minderheit etablierter Kirchen dieses Privileg in Anspruch nehmen, andere Religionsgemeinschaften aber nicht; warum gilt es nicht überhaupt auch für andere Organisationsnetzwerke im Pluralismus der Verbände?

Der Blick auf Religion als eine bürgerschaftliche Ressource, die dem Staat deshalb besondere Förderung wert ist, kann die verfassungsrechtlichen Grundsatzfragen nicht entscheiden. Aber er erleichtert es, die grundsätzliche Berechtigung einer solchen Förderung zu erkennen. Dann kann sich die Perspektive auf das »Problem« der Kirchensteuer sogar umkehren. In ihr werden nicht die Kirchen und ihre Mitglieder in besonderer Weise gefördert, die anderen Bürgerinnen und Bürgern nicht zugute kommt. Vielmehr leisten damit die Kirchensteuerzahler einen materiellen Beitrag zu gesellschaftlichen Infrastrukturen, der anderen »erspart« bleibt. Immerhin erkennt der Staat diese Leistung als förderungswürdig an, indem die gezahlte Kirchensteuer in voller Höhe als Sonderausgabe absetzbar ist, also die Lohn- und Einkommensteuerschuld entsprechend (je nach persönlichem Steuersatz) vermindert. Für den Staat bedeutet das entgangene Einkommensteuer. Doch der Aufwand, den er selber zu tragen hätte, wenn er die aus der Kirchensteuer finanzierten Infrastrukturen übernähme, wäre wohl – selbst wenn man von einem »kernreligiösen« Bereich absieht – ungleich höher, und müsste sich in entsprechend höheren Steuersätzen niederschlagen.

Müssten nicht diejenigen, die keine Kirchensteuer zahlen, zu einer ersatzweisen Sozial- und Moralsteuer herangezogen werden? Oder müsste man eine solche Steuer an die Stelle der Kirchensteuer setzen? Dann müssten die Kirchen ihre religiösen Kernaufgaben (wie immer das zu definieren und abzugrenzen wäre – der Pfarrer müsste genau protokollieren, wie lange er die Bibel studiert und wann er soziale Arbeit leistet) aus Mitgliedsbeiträgen selber finanzieren, während sie erhebliche Mittel aus der Sozialsteuer für den Unterhalt ihrer bürgergesellschaftlichen Infrastrukturen erhielten. Ob eine solche Lösung allerdings der Autonomie der Bürgergesellschaft förderlich wäre, ist sehr fraglich. Sie würde sie womöglich viel stärker als durch das Kirchensteuermodell der staatlichen Bindung unterwerfen.

Gerade vor diesem Hintergrund ist der religionsfreundliche Staat keine abstrakte Wunschvorstellung. In vieler Hinsicht verhält sich der Staat in Deutschland nach den Regeln des Grundgesetzes und der Rechtsprechung des Bundesverfassungsgerichts, die ihm »fördernde Neutralität« gegenüber der Religion auferlegen, als ein solcher. Aber auch in der Verfassungskultur, in den ungeschriebenen Regeln unseres Zusammenlebens ist diese Vorstellung in weiten Teilen verankert. Dennoch tritt sie häufig eher lustlos und defensiv auf, als ob auch ihre Befürworter das Gefühl hätten, mit einem Arrangement zu leben, das nur eine halbe Berechtigung hat, sich mit der anderen Hälfte aber lediglich durch Tradition legitimiert. »Religionspolitik« ist in den letzten zehn Jahren auch in Deutschland wieder ein politisches Handlungs- und öffentliches Diskursfeld geworden. In ihm sollte nicht nur die staatliche Moderierung und Zivilisierung religiösen Konfliktpotentials zur Debatte stehen. Auch die politischen Konsequenzen sind auf der Tagesordnung, die sich aus einem neuen Selbstverständnis des Staates als Partner der Bürgergesellschaft ebenso ergeben wie aus der staatlichen Anerkennung des bürgergesellschaftlichen Mehrwerts von Religion.

IX. Fazit: Chancen und Grenzen religiöser Moderne

Vermutlich hat diese Erkundung in die Räume von
Religion und Bürgergesellschaft mehr Fragen aufgeworfen, als sie beantworten konnte. Nur zu gerne wüssten
wir, wie dieses Thema wohl in zehn, erst recht in zwanzig
Jahren gesehen wird. Ist das intensive öffentliche, wissenschaftliche und politische Interesse, mit dem seit einiger
Zeit auf die Bürgergesellschaft geblickt wird, dann wieder verschwunden? Welches Vertrauen werden die Menschen dann den Institutionen der Bürgergesellschaft entgegen bringen; und werden sie mehr als heute bereit sein,
sich selber für sie zu engagieren? Diese Neugier richtet sich
erst recht auf die Aussichten für die Religion. »Ende oder
Wende?«[120] Erweist sich das gegenwärtige Interesse doch
eher als ein letztes Aufglühen vor dem Rückzug in eine gesellschaftliche Minderheitenposition und marginale Son-
derstellung? Immerhin sprechen einige Indizien unserer
Analyse dagegen: Die große Resonanz, die beide Themen
finden, scheint mehr als nur eine intellektuelle Mode zu
sein, mehr auch als ein von besonderen Ereignissen wie
dem 11. September 2001 oder – für Deutschland – der Wahl
eines Papstes getrieben. Der Überlappungsraum von Religion und Bürgergesellschaft konstituiert sich vielmehr in
tief greifenden Veränderungen, in globaler Perspektive, aber
besonders auch für die demokratischen Gesellschaften des
Westens.

Viele andere Fragen könnte man genauer beantworten – das verweist eher auf die Grenzen dieses Textes. An den
meisten Stellen konnte nur ein Gerüst von Begriffen, Argumenten, Indizien entwickelt werden. Es empirisch dichter
aufzufüllen, war hier nicht zu leisten. Das wäre aber eine

lohnende Aufgabe, nicht zuletzt für die Vielzahl der Dimensionen religiöser Ressourcen, die im Kapitel VII angesprochen wurden: Wie stehen die religiösen und kirchlichen Netzwerke, Infrastrukturen, Räume heute da; schrumpfen sie oder erfahren sie neue Impulse? Welche Unterschiede gibt es zwischen evangelischen und katholischen Milieus, und welche Struktur hat das sozial-religiöse Netzwerk der muslimischen Community in Deutschland – ist es schon Teil einer allgemeinen, inklusiven Bürgergesellschaft oder bildet es einen subkulturellen Raum? Wir wüssten gerne mehr über die materielle Dimension religiösen »Mehrwerts« ebenso wie über die religiösen (und nichtreligiösen) Motivationen, die junge Menschen in Engagement, aber immer wieder auch in Protest und Dissens führen. Wird sich die Geschichte der engen Verknüpfung von Religion und sozialen Protestbewegungen, wie sie sich in den Nachkriegsjahrzehnten so bemerkenswert etabliert hat, fortsetzen – oder ist diese Epoche religiös-moralischer Mobilisierung einstweilen zu Ende gegangen?

Eine schmerzliche Lücke klafft insofern auch in der historischen Empirie. Denn das Verhältnis von Religion und Bürgergesellschaft hat, wie zumindest angedeutet worden ist, eine Geschichte, zum Beispiel in der religiösen Wohltätigkeit des 19. Jahrhunderts, die im Spannungsfeld von Bürgertum und »sozialer Frage« entstand. Diese Geschichte zu kennen ist wichtig nicht nur als Maßstab der heutigen Verhältnisse, sondern auch weil sie, in langlebigen Institutionen ebenso wie in kulturellen Traditionen, in der Gegenwart des religiösen und kirchlichen Engagements in der Bürgergesellschaft fortwirkt. Dem zeitlichen, »diachronen« Vergleich wäre eine international und interkulturell vergleichende Perspektive an die Seite zu stellen. Hier standen westliche, überwiegend deutsche, ganz überwiegend auch (der religiösen Situation in Deutschland nach wie vor entsprechend) christliche Konstellationen im Vordergrund; an ihnen sind konkrete Beispiele ebenso wie abstraktere Begriffe entwickelt worden.

Die Wirklichkeit hält eine weit größere Vielfalt bereit, schon was den Platz der Christentums in europäischen Gesellschaften betrifft. Was es für die Bürgergesellschaft bedeutet, wenn Multireligiosität vom Rand in die Mitte rückt und ein echter Pluralismus religiöser Optionen sich auch in Europa Bahn brechen sollte, ist noch völlig offen. Und welche Schnittmenge zwischen Religion und Bürgergesellschaft gibt es in islamisch geprägten Gesellschaften Nordafrikas, Vorder- und Zentralasiens? Reichen die hier verwendeten Begriffe aus, um das Ineinandergreifen religiöser und bürgergesellschaftlicher Mobilisierung in solchen Kulturen zu erfassen, die nicht durch die monotheistischen Religionen geprägt sind wie in Süd- und Ostasien? Es ist zu hoffen – aber angesichts begonnener Diskussionen auch zu erwarten –, dass solche Themen in naher Zukunft wissenschaftlich untersucht und öffentlich debattiert werden.[121] Vielleicht gibt es sogar Indizien dafür, dass die Distanz zwischen Religion und Bürgergesellschaft in globaler Perspektive eher wächst: Während in Europa die Bürgergesellschaft floriert, die Kirchen aber schrumpfen, ist es in anderen Regionen der Welt umgekehrt?

Das führt auf eine wiederum andere Art von Fragen, die weder durch einen Blick in die Zukunft noch durch empirische Studien so leicht zu beantworten ist. Denn die Renaissance von Religion und Bürgergesellschaft weist immer wieder auf sehr grundsätzliche Spannungsverhältnisse, auf soziale und politische Konfliktlagen und Dilemmata hin. Dabei muss man gar nicht im Weltmaßstab denken; die Situation in Deutschland und anderen europäischen Ländern bietet genügend Stoff dafür. So lässt sich etwa das neue Interesse an der Religion hierzulande in vieler Hinsicht als ein Elitenphänomen beschreiben, viel weniger dagegen als eine Frömmigkeitsbewegung an der Basis. Die Intellektuellen haben die Religion wiederentdeckt, und Politiker versuchen sich ihrer in komplizierten ethischen Entscheidungssituationen vermehrt zu vergewissern. Ist Religion bei »denen da oben« chic, vielleicht auch nützlich, der normalen Bevölkerung aber zunehmend gleichgültig?

Im einem etwas weiteren Sinne könnte man von einer neuen Verbürgerlichung von Religion sprechen. Die »Bürgergesellschaft« wäre insofern nicht so inklusiv wie sie selber gerne sein möchte, sondern eben auch: »bürgerliche Gesellschaft«. Empirische Untersuchungen bestätigen europaweit, dass Religiosität bei Akademikern deutlich zunimmt, ohne Universitätsabschluss dagegen schwindet.[122] Man mag erfreut oder verwundert darüber sein, dass Religion am Beginn des 21. Jahrhunderts offenbar nicht nur »etwas für die Dummen« ist und der scheinbare Gegensatz von »Wissen« und »Glauben« sich verflüchtigt. Aber man kann auch kritisch fragen, ob die neue Rolle von Religion in die religiöse Bevormundung einer größtenteils areligiösen Gesellschaft führt. Tut sich nicht mindestens die Gefahr einer sozialen Spaltung auf, bei der zunehmend religionssensibles und wertebewusstes Bürgertum religiös entfremdeten bildungsarmen Schichten gegenübersteht? Wird Religion damit vom moralischen Kapital und der bürgergesellschaftlichen Ressource zum Vehikel neuer Exklusionsstrategien?

Entlang sozialer Differenzierungslinien sollte man auch der Geschlechterfrage mehr Aufmerksamkeit als bisher widmen. Gerade der ehrenamtliche Teil des bürgerlichen Engagements ist durch die Verschärfung der geschlechtsspezifischen Stereotypen und Rollenverteilungen schon im 19. Jahrhundert deutlich in die Sphäre der Frauen, sei es der jungen und unverheirateten oder der Ehefrauen, abgewandert: Darin konnte man eine »naturgemäße« Verlängerung der häuslichen, sorgenden, sozial und moralisch engagierten Fähigkeiten des weiblichen Geschlechts sehen. Die Männer dagegen pflegten Geselligkeit unter sich, die nicht unmittelbar einen »Mehrwert für Dritte« abwerfen musste, wenn ihnen überhaupt Zeit jenseits der Erwerbsarbeit blieb. Dieses Muster dehnte sich zur selben Zeit auch bereits auf die Religion aus, die tendenziell zur Frauensache wurde: in der Erziehung der Kinder, und erst recht in den sozialen Tätigkeiten außerhalb der Familie. Wenn nicht alles täuscht, wirkt diese »Feminisierung der Religion« auch heute noch fort – und man wird sehr genau beobachten müssen, welche Chancen und Belastungen sich daraus im Schnittfeld von Religion und Bürgergesellschaft ergeben. Während Frauen in kirchlichen Strukturen und religiösen Hierarchien noch um Aufwertung, teils überhaupt um Einlass kämpfen müssen, gilt es gleichzeitig junge, aber auch erwerbstätige Männer zu ermuntern, soziales Kapital, moralische Empathie und nicht zuletzt Zeit in sozial-religiöses Engagement zu investieren.

Schließlich sind, ein letztes Beispiel, Spannungen auch unverkennbar, was den Entfaltungsraum der Bürgergesellschaft betrifft. Mehrere Trends überlagern sich, von denen wir noch nicht wissen, welcher die Oberhand behalten wird. Einerseits scheint die Neigung zu Engagement, Bindung und Verantwortung im Zuge der »Individualisierung« weiter nachzulassen; staatliche Zuständigkeiten etwa in der Erziehung wachsen. Andererseits muss der Staat Aufgaben in die Verantwortung der Bürger zurückgeben, schon weil ihm die finanziellen Ressourcen angesichts völlig überdehnter öffentlicher Haushalte fehlen. Damit gewinnen auch die Kirchen als Teil der Bürgergesellschaft potentiell einen höheren Stellenwert. Wenn der Staat nicht mehr alles machen kann (oder soll), werden soziale Einrichtungen im religiösen Feld – Kindergärten, Pflegedienste, Gesprächskreise – wichtiger. Doch auch diese müssen finanziert werden – und die Grundlagen dafür erodieren, im Norden und Osten Deutschlands im Zuge der fortgeschrittenen Entkirchlichung in dramatischem Umfang. Muss also doch der Staat diese Aufgaben übernehmen? Und welche Konsequenzen hat das für die Bürgergesellschaft gerade in Ostdeutschland, die sich aufgrund des DDR-Erbes noch mehr als im Westen vom Staate zu emanzipieren lernen muss?

Nach so vielen offenen Fragen soll aber auch der Versuch gemacht werden, die Ergebnisse und Einsichten, die Thesen und Begriffe dieses Buches ganz kurz in Erinnerung zu rufen. Sowohl die Religion als auch die Bürgergesellschaft stehen derzeit hoch im Kurs, als Projektionsfläche von Hoffnungen und Erwartungen, teils auch von Ängsten und Gefahren. Es liegt also nahe, mehr als das bisher geschehen ist, nach ihrem Zusammenhang zu fragen. Die gleichzeitige Konjunktur ist kein Zufall, sondern verweist auf Gemeinsamkeiten, einschließlich fundamentaler Veränderungen in der Struktur und Selbstbeschreibung moderner Gesellschaften in einem Zeitalter jenseits der klassischen Moderne, die sich durch den immer weiteren »Fortschritt« von Säkularisierung, Individualisierung und Staatlichkeit auszuzeichnen schien. Diese Lage hat sich seit den 1970er Jahren deutlich verändert. Der Fortschritt selber ist brüchig, die Rationalität der Aufklärung mit ihrer szientifischen Eindeutigkeit fragwürdig geworden. Neben die Säkularisierung ist neuer Religionsbedarf; neben Individualisierung und Emanzipation ist die Suche nach Gemeinschaft und nach Bindungen, nach »Ligaturen«; neben den Staat ist die Bürger- oder Zivilgesellschaft getreten. Während die klassische Moderne von einer möglichst strikten Trennung von privater und öffentlicher Sphäre ausgehen wollte (und die Religion dabei zunehmend der Privatheit, ja der Intimität zuwies), wird jetzt die Notwendigkeit von Überbrückungen sichtbar: angesichts einer weit fortgeschrittenen Entfremdung, die sich im Rückzug in die Privatheit einerseits, in der Vernachlässigung der öffentlichen Sphäre andererseits zeigt. Religion vermag in besonderer Weise eine solche Brücke zwischen Individualität und Sozialität, zwischen

Privatheit und Öffentlichkeit, zwischen Intimität und Engagement zu schlagen, wie sie für das Funktionieren bürgerlicher, republikanischer Gesellschaft unverzichtbar ist.

So haben sich neue Möglichkeitsräume der Religion eröffnet. Man mag die viel beschworene Rückkehr der Religion für eine Debattenkonjunktur, für ein bloßes Diskursphänomen halten – tatsächlich ist die Neugewinnung der Sprachfähigkeit von Religion eine der bemerkenswertesten Veränderungen der jüngeren Zeit. Sie ist in doppelter Weise zu verstehen: als Sprachfähigkeit der Religion »in« der Gesellschaft ebenso wie »für« die Gesellschaft, also als Medium der Bearbeitung gesellschaftlicher Problemlagen. Damit ist die Symbiose von Religion und Bürgergesellschaft zugleich als ein spezifisch modernes Produkt (man könnte fast sagen: »Projekt«) erkennbar geworden. Sie ist kein Atavismus, kein Traditionsrest einer noch nicht vollständig säkularisierten Gesellschaft, in der die Religion bestimmte, ihr seit alters her zugewiesene Positionen noch nicht geräumt hat. Das eröffnet andere Perspektiven auf die Zukunftsfähigkeit von Religion in modernen Gesellschaften. Freilich hat die Moderne auch einen Anpassungsdruck auf die Religion ausgeübt. Religion, die sich in »postsäkularer« Umgebung behaupten will, kann nicht hinter die Gewinne der Säkularisierung zurück. Sie muss die Grenzen zur demokratischen Gesellschaft respektieren. Im Gegenzug kann sie jedoch erwarten, in der Bürgergesellschaft mit ihren Reflexionen und praktischen Handlungsweisen ernst genommen zu werden. So stehen sich in der postsäkularen Konstellation nicht religiöse und säkulare Bürger gegenüber, sondern sie fordert »religionsbewusste« Bürgerinnen und Bürger, die unabhängig von ihren Glaubensüberzeugungen um den Wert der Religion für die Generierung moralischer und sozialer Ressourcen wissen.

Dieser Wert, diese Funktion umfasst zahlreiche, zum Teil sehr unterschiedliche Dimensionen, die sich von »in-

nen« nach »außen«, vom Persönlichen bis zur Politik auf-
fächern lassen. Ein Anspruch auf Vollständigkeit kann mit
den acht Dimensionen, die hier diskutiert wurden, nicht
übernommen werden. Religion generiert (1) moralische
und aktivierende Ressourcen für Individuen und den Ent-
wurf ihrer persönlichen Lebensführung. Sie vermag einen
moralischen Mehrwert und einen Überschuss des Aktivis-
mus zu erzeugen, der sich nach außen, in die Gesellschaft
hinein wendet. Sie fördert und praktiziert (2) die Bildung
und Kohäsion enger sozialer Gemeinschaften von prinzipiell Gleichen, die untereinander als »Brüder und Schwestern« verbunden sind, diese Solidarität aber auch nach außen, über die Grenzen der Gemeinschaft hinaus projizieren
und in einen Universalismus der Solidarität wenden. Sie un-
terstützt und legitimiert auf diese Weise die Solidarität mit
dem »fernen Nächsten«. Dabei etabliert sie (3) ein institu-
tionelles Netzwerk, eine Infrastruktur von Organisationen
und Verbänden, in denen moralisch-soziale Leistungen für
die Bürgergesellschaft verstetigt werden können. Das soziale
Netzwerk im religiösen Feld stellt zumal nach der Erosion
konkurrierender Netzwerke wie dem der Arbeiterbewegung
einen unverzichtbaren Teil der gesamten bürgergesellschaftlichen Infrastruktur dar: mit Nachbarschaftstreffpunkten
und Krankenhäusern, Kindergärten und Schulen, Pflegeein-
richtungen und – auch den Kirchen selber. So stehen (4)
auch räumliche Bezüge und Identitäten zur Verfügung, wird
eine Landkarte der Bürgergesellschaft sichtbar, an der Menschen sich kulturell orientieren. Denn die Bürgergesellschaft
besitzt auch eine topische Dimension.

Über konkrete Orte hinweg stellt Religion zudem (5)
eine Sprache zur Verfügung, in der moderne Gesellschaften
sich in Grenzsituationen und über Grenzfragen verständigen können. Diese Dimension des Religionsbedarfs ist in
den letzten zehn Jahren, zum Beispiel in der Debatte grundlegender ethischer Fragen, besonders deutlich hervorgetre-

ten. Fast schon klassisch dagegen ist (6) der investive Aspekt der religiösen Ressourcen: Religion »kostet« die Gesellschaft nicht zuerst etwas, sondern generiert Ressourcen, die für im weitesten Sinne soziale Zwecke eingesetzt werden können. Wir sprachen von immateriellen Ressourcen wie Zeit und Zuwendung ebenso wie von materiellen. Diese werden in Deutschland durch die Kirchensteuer, durch Spenden und Kollekten erbracht; kirchlich bzw. religiös gebundene Bürgerinnen und Bürger engagieren sich auf diese Weise überdurchschnittlich für gemeinschaftliche Belange.

Schließlich berührt die Religion auch die Grenzen zu den großen Systemen von Markt und Staat, sie bearbeitet oder erzeugt an diesen Grenzen Konflikte im Sinne der Bürgergesellschaft. Sie artikuliert (7) eine Widerständigkeit der Lebenswelt gegen Ökonomisierung und staatlich-bürokratische Imperative, und sie erweist sich immer wieder (8) als Katalysator von Dissens und Protest. Diese Funktion übernimmt sie in Diktaturen, in denen sie auch einen Schutzraum für die gefährdete Bürgergesellschaft bieten kann, ebenso wie in Demokratien. Denn zur Lebensfähigkeit der Demokratie gehört ihre Erneuerung in der Verweigerung von Konformität, in Protest und sozialer Bewegung. – Nach alldem stellt sich die Frage, wie sich der Staat zur Religion verhalten solle. Immer wieder gerät er mit ihr in Konflikt, und doch weiß er, dass er als demokratischer Staat im Sinne seiner Bürgerinnen und Bürger auf die Institutionen, auf die moralischen Ressourcen, auf das soziale Netzwerk, auch auf den Protest der Bürgergesellschaft dringend angewiesen ist. Der Staat muss sich deshalb bemühen, als Förderer und Sponsor der Bürgergesellschaft aufzutreten, und das gilt auch für die Religion als einen wichtigen Teil von ihr. Er sollte sich als ein religionsfreundlicher Staat verhalten.

Manchem wird diese Perspektive selber zu »religionsfreundlich« scheinen. Andere wird sie befremden, weil sie Religion auf einen äußeren, weltlichen Wert hin befragt. Natürlich geht Religion darin nicht auf; eine rein funktionalistische Sichtweise wäre zu eng. Religion ist kein Steinbruch, aus dem sich die Bürgergesellschaft für ihre Zwecke bequem und billig bedienen kann. Gleichwohl kann eine Debatte über die Nützlichkeit der Religion geführt werden.[123] Sie hat bereits begonnen.

Anmerkungen

1 Vgl. Olaf Blaschke, Das 19. Jahrhundert: Ein zweites konfessionelles Zeitalter?, in: Geschichte und Gesellschaft 26, 2000, S. 38-75.

2 V.a. in der Rede zur Verleihung des Friedenspreises des Deutschen Buchhandels 2001, kurz nach den Anschlägen des 11. September: Jürgen Habermas, Glauben und Wissen, Frankfurt 2001, bes. S. 12ff. – S.u., Kap. V.

3 Vgl. z. B. Wolfram Weimer, Credo. Warum die Rückkehr der Religion gut ist, München 2006.

4 Das wird ausführlicher in den Kapiteln III. und VI. verfolgt.

5 Ralf Dahrendorf, Der moderne soziale Konflikt. Essay zur Politik der Freiheit, Stuttgart 1992. Darauf wird im Abschnitt VI. ausführlicher eingegangen.

6 José Casanova, Europas Angst vor der Religion, Berlin 2009, S. 24.

7 Vgl. in dieser Leitperspektive die Arbeiten von Rolf Schieder, Wieviel Religion verträgt Deutschland?, Frankfurt 2001; und jetzt ders., Sind Religionen gefährlich?, Berlin 2008; auf seine Überlegungen wird noch öfter zurückgekommen.

8 Vgl. z. B. Herbert Schnädelbach, Religion in der modernen Welt. Vorträge, Abhandlungen, Streitschriften, Frankfurt 2009; Ulrich Beck, Der eigene Gott. Von der Friedensfähigkeit und dem Gewaltpotential der Religionen, Frankfurt 2008.

9 Vgl. Schieder, Sind Religionen gefährlich?, bes. S. 74-88 (zu Jan Assmann und Peter Sloterdijk), S. 190f. (zu Ulrich Beck).

10 Man soll von dem reden, was man am besten kennt. Der Bedeutung des Werkes von José Casanova tut sein unbestreitbar »katholischer« Blickwinkel ja auch keinen Abbruch.

11 Vgl. Paul Nolte, Generation Reform. Jenseits der blockierten Republik, München 2004.

12 Paul Nolte, Religion als neue gesellschaftliche Ressource. Warum wir einen religionsfreundlichen Staat brauchen, in: Vorgänge. Zeitschrift für Bürgerrechte und Gesellschaftspolitik, Nr. 173, März 2006 (Themenheft »Religion und moderne Gesellschaft«), S. 3-20.

13 Schieder, Sind Religionen gefährlich?, S. 156. Vgl. Friedrich Wilhelm Graf, Die Wiederkehr der Götter. Religion in der modernen Kultur, München 2004.

14 José Casanova, Public Religions in the Modern World, Chicago
    1994.

15 Damit ist der Bogen der bürgerlichen Gesellschaftstheorie von der
    schottischen Aufklärung des späten 18. Jahrhunderts (Adam Fergu-
    son, Adam Smith) bis zu Jürgen Habermas' »Strukturwandel der Öf-
    fentlichkeit« (1962) grob skizziert; ausführlicher dazu Kap. VI.

16 Vgl. Martin Riesebrodt, Die Rückkehr der Religionen. Fundamenta-
    lismus und der »Kampf der Kulturen«, München 2000.

17 Siehe Hans Joas, Religion heute: Die USA als Trendsetter für Europa?,
    in: Religionsmonitor 2008, Hg. Bertelsmann-Stiftung, Gütersloh
    2007, S. 179-185, hier bes. S. 181.

18 Marcia Pally, Die hintergründige Religion. Der Einfluss des Evange-
    likalismus auf Gewissensfreiheit, Pluralismus und die US-amerika-
    nische Politik, Berlin 2008. – Vgl. auch Michael Hochgeschwender,
    Amerikanische Religion. Evangelikalismus, Pfingstlertum und Fun-
    damentalismus, Frankfurt 2007.

19 Casanova, Europas Angst, S. 23.

20 Religionsmonitor 2008, S. 34.

21 Religionsmonitor 2008, S. 21.

22 Vgl. Matthias Petzold, Intellektuelle Offenheit und religiöse Homo-
    genität? Aufschlüsse über die Situation im Osten Deutschlands, in:
    Religionsmonitor 2008, S. 85-93. Grundlegend dazu die Untersu-
    chungen von Detlef Pollack, v.a.: Säkularisierung – ein moderner
    Mythos? Studien zum religiösen Wandel in Deutschland, Tübingen
    2003.

23 Siehe dazu für den deutschen Protestantismus v.a. das Impulspapier
    des Rates der EKD: »Kirche der Freiheit. Perspektiven für die evange-
    lische Kirche im 21. Jahrhundert«, 2006, auf das im folgenden noch
    öfter zurückgegriffen wird.

24 Dies und das folgende auf der Grundlage der neueren, und weit-
    hin unkontroversen, Deutung der Geschichte der Bundesrepublik,
    wie sie sich in den letzten zehn Jahren entwickelt und inzwischen
    auch in einigen Gesamtdarstellungen niedergeschlagen hat. Siehe
    v.a. Edgar Wolfrum, Die geglückte Demokratie. Geschichte der Bun-
    desrepublik Deutschland von ihren Anfängen bis zur Gegenwart,
    Stuttgart 2006; Eckart Conze, Die Suche nach Sicherheit. Eine Ge-
    schichte der Bundesrepublik Deutschland von 1949 bis heute, Mün-
    chen 2009; Matthias Frese u.a. (Hg.), Demokratisierung und gesell-
    schaftlicher Aufbruch. Die sechziger Jahre als Wendezeit der Bundes-
    republik, Paderborn 2005.

25 Eric J. Hobsbawm, Das Zeitalter der Extreme. Weltgeschichte des

20. Jahrhunderts, München 1995. – Die Denkfigur vom »Zweiten Dreißigjährigen Krieg« auch besonders bei: Hans-Ulrich Wehler, Deutsche Gesellschaftsgeschichte, Bd. IV (1914-1949), München 2003.

26 Zu den 1970er Jahren als Zäsur siehe jetzt v.a.: Anselm Doering-Manteuffel u. Lutz Raphael, Nach dem Boom. Perspektiven auf die Zeitgeschichte seit 1970, Göttingen 2008; Zeithistorische Forschungen 3, 2006, Heft 3: »Die 1970er Jahre – Inventur einer Umbruchzeit«.

27 Vgl. hier nur: Ulrich Herbert, Europe in High Modernity. Reflections on a Theory of the 20th Century, in: Journal of Modern European History 5, 2007, S. 5-20.

28 Vgl. Ulrich Beck, Risikogesellschaft. Auf dem Weg in eine andere Moderne, Frankfurt 1986. Ich habe, in Variation der Überlegungen Becks, von einer »riskanten Moderne« gesprochen: Paul Nolte, Riskante Moderne. Die Deutschen und der neue Kapitalismus, München 2006.

29 Vgl. Andreas Wirsching, Abschied vom Provisorium. Geschichte der Bundesrepublik Deutschland 1982-1990, Stuttgart 2006, bes. S. 308ff., aber auch zu den im folgenden skizzierten Aspekten des Kultur- und Mentalitätswandels.

30 Vgl. Zygmunt Bauman, Liquid Modernity, Cambridge 2000; dt.: Flüchtige Moderne, Frankfurt 2003.

31 Vgl. z.B. Josef Mooser, Arbeiterleben in Deutschland 1900-1970, Frankfurt 1984.

32 Vgl. dazu Christoph Klessmann, Arbeiter im »Arbeiterstaat« DDR. Deutsche Traditionen, sowjetisches Modell, westdeutsches Magnetfeld (1945-1971), Bonn 2007.

33 Vgl. Robert D. Putnam, Bowling Alone: The Collapse and Revival of American Community, New York 2000.

34 Auf die Bedeutung der Religion als »Innovationstreiber« in modernen sozialen Bewegungen wird unter VII. zurückgekommen.

35 Vgl. hier nur: Ronald Inglehart, The Silent Revolution. Changing Values and Political Styles among Western Publics, Princeton 1977; seit dem eine Fülle von Untersuchungen und Literatur, u.a. im Zusammenhang der »World Value Surveys«.

36 Vgl. John Dewey, The Public and Its Problems, New York 1927, bes. S. 203ff.

37 Vgl. Lutz Raphael, Radikales Ordnungsdenken und die Organisation totalitärer Herrschaft: Weltanschauungseliten und Humanwissenschaftler im NS-Regime, in: Geschichte und Gesellschaft 27, 2001,

S. 5-40; neuer Überblick: Rüdiger Hachtmann, Forschen für Volk und »Führer«: Wissenschaft und Technik, in: Dietmar Süß u. Winfried Süß (Hg.), Das »Dritte Reich«, München 2008, S. 205-225.

38   Karl-Heinz Bohrer u. Kurt Scheel (Hg.), Nach Gott fragen. Über das Religiöse, Stuttgart 1999 (=Merkur 53, 1999, Heft 605/606).

39   Vgl. z.B. Hermann Lübbe, Religion nach der Aufklärung, Graz 1986.

40   Vgl. Pollack, Säkularisierung, S. 1-27. – Es kann hier nicht um eine systematische Erschließung des Themas »Säkularisierung« und seiner wissenschaftlichen Behandlung gehen. Vgl. zuletzt: Hans Joas u. Klaus Wiegandt (Hg.), Säkularisierung und die Weltreligionen, Frankfurt 2007.

41   Casanova, Europas Angst vor der Religion, S. 8-16.

42   Vgl. Niklas Luhmann, Funktion der Religion, Frankfurt 1977; ders., Die Religion der Gesellschaft, hg. v. André Kieserling, Frankfurt 2000, bes. Kap. 9, S. 278-319.

43   Luhmann, Funktion der Religion, S. 232; das folgende Zitat ebd.

44   Vgl. Michael Walzer, The Revolution of the Saints. A Study in the Origins of Radical Politics, Cambridge, Mass. 1965.

45   Beides zitiert nach: Jack P. Greene (Hg.), Colonies to Nation 1763-1789, New York 1975, S. 390ff., S. 582f.

46   Bekanntlich setzt sich das erste Amendment ja, nachdem die beiden Aspekte der Religionsfreiheit festgehalten werden, wie folgt fort: »or abridging the freedom of speech, or of the press; or the right of the people peaceably to assemble, and to petition the Government for a redress of grievances.« – Vgl. zu dieser Tradition und ihrer gegenwärtigen Bedeutung jetzt das vorzügliche Buch von Martha C. Nussbaum, Liberty of Conscience: In Defense of America's Tradition of Religious Equality, New York 2008.

47   Vgl. Paul Nolte, Modernization and Modernity in History, Modernization Theory and History, in: International Encyclopedia of the Social and Behavioral Sciences, Hg. Neil J. Smelser u. Paul B. Baltes, Oxford 2001, Bd. 15, Sp. 9954-9961; Thomas Mergel, Geht es weiterhin voran? Die Modernisierungstheorie auf dem Weg zu einer Theorie der Moderne, in: ders. u. Thomas Welskopp (Hg.), Geschichte zwischen Kultur und Gesellschaft, München 1997, S. 203-232.

48   Vgl. klassisch: Robert N. Bellah, Civil Religion in America, in: ders., Beyond Belief: Essays on Religion in a Posttraditional World, New York 1970, S. 168-189; sowie weiterführend und für Deutschland: Schieder, Wieviel Religion verträgt Deutschland?, ders., Sind Religionen gefährlich? Dennoch bin ich gegenüber der »zivilreligiösen« Option wesentlich skeptischer als Schieder.

49 Vgl. Paul Nolte, Patriotismus als Selbstverbesserung. Grundlagen ei-
    nes neuen Republikanismus, in: Undine Ruge u. Daniel Morat (Hg.),
    Deutschland denken. Beiträge für die reflektierte Republik, Wiesba-
    den 2005, S. 71-82.

50 Ernst-Wolfgang Böckenförde, Die Entstehung des Staates als Vorgang
    der Säkularisation (1967), in: ders., Recht, Staat, Freiheit, Frankfurt
    1991, S. 92-114, hier S. 112.

51 John Rawls, Political Liberalism, New York 1993; dt.: Politischer Libe-
    ralismus, Frankfurt 1998.

52 Nussbaum, Liberty of Conscience, S. 362.

53 Vgl. Karl Löwith, Weltgeschichte und Heilsgeschehen. Die theologi-
    schen Voraussetzungen der Geschichtsphilosophie, Stuttgart 1953.

54 Vgl. Lucian Hölscher, Weltgericht oder Revolution. Protestantische
    und sozialistische Zukunftsvorstellungen im deutschen Kaiserreich
    1871-1914, Stuttgart 1989.

55 Vgl. z.B. Hans-Ulrich Wehler, Der Nationalsozialismus. Bewegung –
    Führerherrschaft – Verbrechen 1919-1945, München 2009, S. 114f.;
    Martin Broszat, Soziale Motivation und Führer-Bindung des Natio-
    nalsozialismus, in: ders., Nach Hitler, München 1988, S. 11-33.

56 Thomas Nipperdey, Religion im Umbruch. Deutschland 1871-1918,
    München 1988, S. 143ff.

57 Vgl. dazu, aber leider fast ohne Berücksichtigung der religiösen Di-
    mensionen: Habbo Knoch (Hg.), Bürgersinn mit Weltgefühl. Politi-
    sche Moral und solidarischer Protest in den sechziger und siebziger
    Jahren, Göttingen 2007.

58 Vgl. Talcott Parsons, Religion in Postindustrial America: The Problem
    of Secularization, in: Social Research 41, 1974, S. 193-225; ders., Das
    System moderner Gesellschaften, München 1972, S. 96-109, S. 120-
    125.

59 EKD, Kirche der Freiheit, S. 23.

60 Peter L. Berger, Zur Dialektik von Religion und Gesellschaft. Ele-
    mente einer soziologischen Theorie, Frankfurt 1973, S. 103.

61 Vgl. Peter L. Berger (Hg.), The Desecularization of the World: Resur-
    gent Religion and World Politics, Washington, D.C. 1999.

62 Vgl. Blaschke, Deutschland im 19. Jahrhundert.

63 Jürgen Habermas, Glauben und Wissen. Friedenspreis des deutschen
    Buchhandels 2001, Frankfurt 2001, S. 9-31. Seitdem hat Habermas
    seine Überlegungen vertieft und fortgesetzt ebenso, wie sie eine in-
    tensive intellektuelle Debatte ausgelöst haben, die hier nicht rekon-
    struiert werden kann. Vgl. Jürgen Habermas, Zwischen Naturalis-
    mus und Religion. Philosophische Aufsätze, Frankfurt 2005 (darin

v.a.: Religion in der Öffentlichkeit. Kognitive Voraussetzungen für den »öffentlichen Vernunftgebrauch« religiöser und säkularer Bürger, S. 119-154); ders. u. Joseph Ratzinger, Dialektik der Säkularisierung. Über Vernunft und Religion, Freiburg 2005; Michael Reder u. Joseph Schmidt (Hg.), Ein Bewusstsein von dem, was fehlt. Eine Diskussion mit Jürgen Habermas, Frankfurt 2008.

64 Habermas, Glauben und Wissen, S. 22.

65 Ebd., S. 14.

66 Habermas, Religion in der Öffentlichkeit.

67 Ähnlich argumentiert Hans Joas, Religion post-säkular? Zu einer Begriffsprägung von Jürgen Habermas, in: ders. Braucht der Mensch Religion? Über Erfahrungen der Selbsttranszendenz, Freiburg 2004, S. 122-128, hier S. 126 (notwendige »Übersetzungsleistungen« und Abgrenzung zum Fundamentalismus); gegenüber Habermas' Begriff der »postsäkularen Gesellschaft« ist Joas skeptischer, als ich es bin.

68 Zur Funktion der Theologie siehe etwa: Friedrich Wilhelm Graf, Wozu noch Theologie?, in: ders., Die Wiederkehr der Götter. Religion in der modernen Kultur, München 2004, S. 249-278; Rolf Schieder fordert jüngst eine »theologische Wende«: »it's about time for a theological turn«: Schieder, Sind Religionen gefährlich?, S. 279.

69 Vgl. Agnes Arndt, Intellektuelle in der Opposition. Diskurse zur Zivilgesellschaft in der Volksrepublik Polen, Frankfurt 2007.

70 Vgl. z.B. Axel Honneth (Hg.), Kommunitarismus. Eine Debatte über die moralischen Grundlagen moderner Gesellschaften, Frankfurt 1993; Christel Zahlmann (Hg.), Kommunitarismus in der Diskussion, Berlin 1992; Thomas Schmid, Staatsbegräbnis. Von ziviler Gesellschaft, Berlin 1990.

71 In Deutschland z.B. in verschiedenen Projekten Jürgen Kockas am »Zentrum für vergleichende Geschichte Europas« der Freien Universität Berlin und am WZB. Siehe u.a.: Manfred Hildermeier, Jürgen Kocka, Christoph Conrad (Hg.), Europäische Zivilgesellschaft in Ost und West. Begriffe, Geschichte, Chancen, Frankfurt 2000; Ralph Jessen u.a. (Hg.), Zivilgesellschaft als Geschichte. Studien zum 19. und 20. Jahrhundert, Wiesbaden 2004.

72 Siehe dazu hier nur: Manfred Riedel, Bürgerliche Gesellschaft, in: Otto Brunner u.a. (Hg.), Geschichtliche Grundbegriffe, Bd. 2, Stuttgart 1975, S. 719-800.

73 Zu den Dimensionen der historischen Bürgerlichkeit in diesem Sinne (die sich mit Aspekten der »Bürgergesellschaft« durchaus überlappen konnten – ebenso, wie das in der Arbeiterschaft und Arbeiterbe-

wegung der Fall war!) zuletzt sehr gut: Gunilla Budde, Blütezeit des
Bürgertums. Bürgerlichkeit im 19. Jahrhundert, Darmstadt 2009.

74 Dies und das folgende nach: Ralf Dahrendorf, Lebenschancen. An-
läufe zur sozialen und politischen Theorie, Frankfurt 1979, bes. S. 50-
58; ders., Der moderne soziale Konflikt. Essay zur Politik der Freiheit,
Stuttgart 1992 / München 1994, bes. S. 39-45.

75 Dahrendorf, Der moderne soziale Konflikt, S. 41.

76 Dahrendorf, Lebenschancen, S. 59.

77 Vgl. Adam Smith, The Theory of Moral Sentiments, 1759. – C.B.
MacPherson, Die politische Theorie des Besitzindividualismus. Von
Hobbes bis Locke, Frankfurt 1967; Hans Medick, Naturzustand und
Naturgeschichte der bürgerlichen Gesellschaft. Die Ursprünge der
bürgerlichen Sozialtheorie als Geschichtsphilosophie und Sozialwis-
senschaft bei Samuel Pufendorf, John Locke und Adam Smith, Göttingen 1974.

78 Alexis de Tocqueville, Democracy in America, ed. J.P. Mayer, New
York 1969, S. 514 (meine Übersetzung).

79 Ebd., S. 514f.

80 Klassisch dazu: Thomas Nipperdey, Verein als soziale Struktur in
Deutschland im späten 18. und frühen 19. Jahrhundert, in: ders.,
Gesellschaft, Kultur, Theorie, Göttingen 1976, S. 174-205; schöner
Überblick, ebenfalls von Tocqueville inspiriert: Stefan-Ludwig Hoff-
mann, Geselligkeit und Demokratie. Vereine und zivile Gesellschaft
im transnationalen Vergleich 1750-1914, Göttingen 2003.

81 Tocqueville, Democracy in America, S. 513.

82 M. Rainer Lepsius, Demokratie in Deutschland. Soziologisch-histo-
rische Konstellationsanalysen, Göttingen 1993, S. 7f. (Vorwort); allg.
auch: ders., Ideen, Interessen und Institutionen, Opladen 1990.

83 Thomas Haskell, Capitalism and the Origins of Humanitarian Sen-
sibility, in: American Historical Review 90, 1985, S. 329-361, S. 547-
566; vgl. auch Thomas Bender (Hg.), The Anti-Slavery Debate. Capitalism and Abolitionism in Historical Interpretation, Berkeley 1992.

84 Vgl. z.B. Herfried Münkler u. Harald Bluhm (Hg.), Gemeinwohl und
Gemeinsinn, Bd. 1, Berlin 2001; dies. (Hg.), Gemeinwohl und Ge-
meinsinn, Bd. 2, Berlin 2002; Gunnar Folke Schuppert u. Friedhelm
Neithardt (Hg.), Gemeinwohl – auf der Suche nach Substanz, Berlin
2002; Steffen Sigmund, Ist Gemeinwohl institutionalisierbar? Prole-
gomena zu einer Soziologie des Stiftungswesens, in: ders. u.a. (Hg.),
Soziale Konstellation und historische Perspektive. Festschrift für M.
Rainer Lepsius, Wiesbaden 2008, S. 81-103.

85 Emile Durkheim, Soziologie und Philosophie, Frankfurt 1967,

S. 125. – Vgl. v.a. auch ders., Erziehung, Moral und Gesellschaft, Frankfurt 1984; ders., Die elementaren Formen des religiösen Lebens, Frankfurt 1981.

86 Böckenförde, Die Entstehung des Staates als Vorgang der Säkularisation, S. 112.

87 Jürgen Habermas, Theorie des kommunikativen Handelns, Frankfurt 1981, Bd. 2, S. 119 (vgl. insges. S. 69-169); siehe auch: ders., Moralbewusstsein und kommunikatives Handeln, Frankfurt 1983.

88 Habermas, Theorie des kommunikativen Handelns, Bd. 2, S. 140.

89 Statt von der moralischen Verpflichtung könnte man auch – in einer anderen klassischen Tradition, der des Republikanismus – von der »Tugendhaftigkeit« des Bürgers sprechen. Doch schwingen darin, neben dem Engagement für das Gemeinwohl, auch die individuellen Eigenschaften, gewissermaßen die Arbeit am eigenen Charakter, sehr stark mit, so dass mir das Konzept hier nicht ganz so gut geeignet erscheint. – Vgl. z.B. John G.A. Pocock, Die andere Bürgergesellschaft. Zur Dialektik von Tugend und Korruption, Frankfurt 1993; Maurizio Viroli, Republicanism, New York 2002.

90 Siehe hierzu auch meine eigenen Überlegungen zu einer »Investiven Gesellschaft«: Paul Nolte, Jenseits des Konsums. Umrisse einer Investiven Gesellschaft, in: ders., Riskante Moderne, S. 291-306.

91 Vgl. Putnam, Bowling Alone; ders., Making Democracy Work. Civic Traditions in Modern Italy, Princeton 1993; ders. (Hg.), Gesellschaft und Gemeinsinn. Sozialkapital im internationalen Vergleich, Gütersloh 2001; siehe auch: Friedrich Wilhelm Graf u.a. (Hg.), Soziales Kapital in der Bürgergesellschaft, Stuttgart 1999. Das ist ausdrücklich ein anderer Begriff von »sozialem Kapital« als bei Pierre Bourdieu, der auf die unterscheidende, distanzierende, hierarchische Funktion der »Distinktion« abhebt: Die feinen Unterschiede. Kritik der gesellschaftlichen Urteilskraft, Frankfurt 1982.

92 Jürgen Habermas, Strukturwandel der Öffentlichkeit. Untersuchungen zu einer Kategorie der bürgerlichen Gesellschaft, Neuwied 1962. Die umfangreiche an Habermas anschließende und ihn kritisierende Literatur kann hier nicht erschlossen werden.

93 Putnam, Bowling Alone, S. 22f.

94 Vgl. v.a. Lucian Hölscher, Öffentlichkeit und Geheimnis. Eine begriffsgeschichtliche Untersuchung zur Entstehung der Öffentlichkeit in der frühen Neuzeit, Stuttgart 1979; Stefan-Ludwig Hoffmann, Die Politik der Geselligkeit. Freimaurerlogen in der deutschen Bürgergesellschaft 1840-1918, Göttingen 2000.

95 Vgl. Paul Nolte, Öffentlichkeit und Privatheit. Deutschland im 20. Jahrhundert, in: Merkur 60, 2006 (Heft 686), S. 499-512.

96 Das korrespondiert mit der Überlegung von Hans Jonas, wonach die elterliche Verantwortung ein Urbild der gesellschaftlichen Verantwortung überhaupt ist: Hans Jonas, Das Prinzip Verantwortung, Frankfurt 1979, S. 184-190.

97 EKD, Kirche der Freiheit, S. 17f.

98 Vgl. jetzt: Arnd Bauerkämper u. Jürgen Nautz (Hg.), Zwischen Seelsorge und Fürsorge. Christliche Kirchen in den europäischen Zivilgesellschaften seit dem 18. Jahrhundert, Frankfurt 2009; exemplarisch für neuere Monographien: Bettina Hitzer, Im Netz der Liebe. Die protestantische Kirche und ihre Zuwanderer in der Metropole Berlin (1849-1914), Köln 2006.

99 Die Frage nach dem Zusammenhang von Religion, Ethik und Lebensführung ist natürlich ein weites und nicht erst seit Max Weber viel bearbeitetes Feld. Vgl. hier nur: Wolfgang Schluchter (Hg.), Religion und Lebensführung, Bd. 2: Studien zu Max Webers Religions- und Herrschaftssoziologie, Frankfurt 1988.

100 Vgl. Benjamin Nelson, The Idea of Usury. From Tribal Brotherhood to Universal Otherhood, Chicago 1949.

101 Vgl. Christoph Markschies, Zwischen den Welten wandern. Strukturen des antiken Christentums, Frankfurt 1997, S. 177ff. (Gemeinde und übergemeindliche Kommunikationsformen).

102 Volkhard Krech, Exklusivität, Bricolage und Dialogbereitschaft. Wie die Deutschen mit religiöser Vielfalt umgehen, in: Religionsmonitor 2008, S. 33-43, hier S. 41f.

103 Hans Joas, Religion heute: Die USA als Trendsetter für Europa?, in: ebd., S. 179-185, hier S. 181.

104 Schieder, Sind Religionen gefährlich?, S. 157.

105 Friedrich Wilhelm Graf, Der Protestantismus. Geschichte und Gegenwart, München 2006, S. 110.

106 Vgl. dazu Schieder, Sind Religionen gefährlich?, S. 184f.

107 Vgl. Nolte, Jenseits des Konsums.

108 Stand 2006; jeweils gut 30 % römisch-katholisch und evangelische Landeskirchen. Der Anteil der Bevölkerung, die gar keiner Religionsgemeinschaft angehört, liegt in Deutschland mit gut 29 % weit über dem globalen Durchschnitt. Vgl. Religionsmonitor 2008, S. 34.

109 Siehe z.B. Jürgen Kocka u. Gabriele Lingelbach (Hg.), Schenken, Stiften, Spenden, Göttingen 2007 (= Geschichte und Gesellschaft, Jg. 33, Heft 1); darin bes.: Gabriele Lingelbach, Die Entwicklung

des Spendenmarktes in der Bundesrepublik Deutschland. Von der staatlichen Regulierung zur medialen Lenkung, S. 127-157, mit weiterer Literatur, auch zum religiösen Spenden; demn. ausführlich dies., Spenden und Sammeln. Der westdeutsche Spendenmarkt bis in die 1980er Jahre, Göttingen 2009.

110 Habermas, Theorie des kommunikativen Handelns, v.a. Bd. 2.

111 Siehe zu diesem Muster den anregenden Vergleich von Martin Schulze Wessel, Die Deutschen Christen in Nationalsozialismus und die Lebendige Kirche im Bolschewismus − zwei kirchliche Repräsentationen neuer politischer Ordnungen, in: Journal of Modern European History 3, 2005, S. 147-162.

112 Vgl. z.B. Siegfried Hermle u.a. (Hg.), Umbrüche. Der deutsche Protestantismus und die sozialen Bewegungen in den 1960er und 1970er Jahren, Göttingen 2007.

113 Vgl. Christoph Klessmann, Zur Sozialgeschichte des protestantischen Milieus in der DDR, in: Geschichte und Gesellschaft 19, 1993, S. 29-53.

114 Vgl. z.B. Krzysztof Michalski (Hg.), Europa und die Civil Society. Castelgandolfo-Gespräche 1989, Stuttgart 1991; Arndt, Intellektuelle in der Opposition.

115 Schieder, Sind Religionen gefährlich?, S. 274.

116 Nur am Rande sei darauf hingewiesen, dass dies allerdings gravierende Fragen an die demokratischen Prinzipien von Repräsentation und von Legitimation durch Mehrheitsverfahren aufwerfen kann.

117 Darauf weist Christian Geyer mit Recht hin: Wohin mit der Heilsanstalt? Kirche in der Gesellschaft, in: Bohrer u. Scheel (Hg.), Nach Gott fragen, S. 877-890. Zu Böckenförde s.o., Kap. IV.

118 Vgl. Udo Di Fabio, Gewissen, Glaube, Religion. Wandelt sich die Religionsfreiheit?, Berlin 2008.

119 Vgl. z.B. Karl Martin (Hg.), Abschied von der Kirchensteuer. Plädoyer für ein demokratisches Zukunftsmodell, Oberursel 2002.

120 Vgl. Klaus Tenfelde (Hg.), Religion in der Gesellschaft: Ende oder Wende?, Essen 2008.

121 Zu einigen Aspekten der Rolle von Religion in der globalen Zivilgesellschaft und internationalen Zusammenarbeit vgl. jetzt: Jürgen Wilhelm u. Hartmut Ihne (Hg.), Religion und globale Entwicklung. Der Einfluss der Religionen auf die soziale, politische und wirtschaftliche Entwicklung, Berlin 2009.

122 Siehe die bei Schieder, Sind Religionen gefährlich?, S. 96 vorgestellten Befunde Andrew Greeleys.

123 Vgl. ebd., S. 165.

Die »Berliner Reden zur Religionspolitik« werden vom *Program on Religion and Politics* an der Humboldt-Universität zu Berlin veranstaltet. Das im Jahre 2004 ins Leben gerufene Programm geht davon aus, dass trotz der Trennung von Kirche und Staat Religion und Politik einander nicht ignorieren können. Das erfordert von Seiten des Staates eine aktive Religionspolitik, die Religionsfreiheit gewährleistet und von den Religionsgemeinschaften eine politische Ethik, die pluralismusfähig ist.

Ein Forschungsschwerpunkt der vergangenen Jahre war die Untersuchung transatlantischer religionspolitischer Paradoxien, aber auch die Frage, welche Risiken von Religionen ausgehen. Die Professoren Dietrich Benner, Andreas Feldtkeller, Herfried Münkler, Rolf Schieder, Bernhard Schlink, Richard Schröder und Johannes Zachhuber (Oxford), die Privatdozenten Karsten Fischer, Nils Ole Oermann sowie die wissenschaftlichen Mitarbeiter Katja Guske, Jakob Nolte, Dagmar Pruin und Joachim Willems tragen zur Zeit das Programm (www.religion-and-politics.de).

Religionsökonomischen Fragen widmet sich das *Program on Religion, Politics and Economics*, das von Rolf Schieder und Nils Ole Oermann geleitet wird. Jährlich findet die Haniel Summer School on Religion, Politics and Economics an der Humboldt-Universität statt, die Schnittflächen zwischen Religion und Ökonomie erforscht. Sowohl die Summer School als auch die »Berliner Reden zur Religionspolitik« werden von der Haniel Stiftung gefördert.

Auch diese Publikation erfolgte mit freundlicher Unterstützung der

HANIEL STIFTUNG